暗夜星火

党章诞生地的
初心故事

中共二大会址纪念馆　编

华东师范大学出版社

·上海·

图书在版编目（CIP）数据

暗夜星火：党章诞生地的初心故事 / 中共二大会址
纪念馆编著.-- 上海：华东师范大学出版社，2025.
ISBN 978-7-5760-5836-9

Ⅰ. K928.725.13-49

中国国家版本馆CIP数据核字第202539JG97号

暗夜星火——党章诞生地的初心故事

编　　著	中共二大会址纪念馆
绘　　图	樊雪伟
策划编辑	黄诗韵
责任编辑	黄诗韵
责任校对	王丽平
装帧设计	卢晓红

出版发行　华东师范大学出版社
社　　址　上海市中山北路3663号　邮编 200062
网　　址　www.ecnupress.com.cn
电　　话　021-60821666　　行政传真 021-62572105
客服电话　021-62865537　　门市（邮购）电话 021-62869887
地　　址　上海市中山北路3663号华东师范大学校内先锋路口
网　　店　http：//hdsdcbs.tmall.com

印 刷 者　上海邦达彩色包装印务有限公司
开　　本　787毫米×1092毫米　1/16
印　　张　8
字　　数　130千字
版　　次　2025年7月第1版
印　　次　2025年7月第1次
书　　号　ISBN 978-7-5760-5836-9
定　　价　68.00元

出 版 人　王　焰

（如发现本版图书有印订质量问题，请寄回本社客服中心调换或电话021-62865537联系）

编 委 会

序 言

　　红色文化基因是中国共产党人的精神内核和政治标识。赓续红色血脉、传承红色基因是当代青少年的必修课。习近平总书记强调："革命传统教育要从娃娃抓起，既注重知识灌输，又加强情感培育，使红色基因渗进血液、浸入心扉，引导广大青少年树立正确的世界观、人生观、价值观。"

　　静安区因其独特的地理位置，在新民主主义革命时期留下了众多的革命旧址和遗址，被誉为"红色静安"。根据最新的普查和统计资料显示，静安区共有重要红色革命旧址、遗址106处，其中红色场馆11处。首部党章诞生地——中共二大会址纪念馆及下辖的中共中央军委机关旧址纪念馆、中共中央秘书处机关旧址纪念馆、中央特科机关旧址纪念馆是其中具有代表性的几处。这里有周恩来、邓小平等革命领袖留下的伟岸身影，陈独秀、蔡和森、邓中夏、向警予等革命先驱留下的光辉足迹，还有军委四烈士杨殷、彭湃、颜昌颐、邢士贞，龙潭钱壮飞、李克农、胡底三杰等革命群像的英雄事迹，更有余泽鸿、吴静焘，张纪恩、张越霞、陈为人、韩慧英等革命家庭的隐忍和付出。这些故事里有伟人初心、刀光剑影、大忠大勇，也有悲欢离合、生死离别、平凡坚守，或激情澎湃，或感人肺腑，或催人奋进。滚烫的青春和党的发展、国家兴亡、民族复兴紧密联系在一起，穿越时空和今天年轻的你我在静安这片热土上交汇。

　　中共二大召开暨首部党章通过百年之际，中共二大会址纪念馆在中共静安区委的指导下，依托党章研究中心编写青少年党史类图书《暗夜星火——首部党章诞生地的初心故事》。图书篇幅不大，涵盖《首部党章诞生地》《为有牺牲多壮志》《于无声处听惊雷》三个篇章，介绍了中共二大会址纪念馆、中共中央军委机关旧址纪念馆、中共中央秘书处机关旧址纪念馆和中央特科机关旧址纪念馆四馆的历史事件和英雄事迹，力求用清新活泼的语言风格，把党史写得生动鲜活、引人入胜，引发共鸣，用讲故事的叙事手法，引领青少年以小见大、由浅入深、见微知著。

历史是最好的教科书。保护好、运用好红色资源，让红色文化根植于广大干部群众，特别是青少年的心灵，是红色场馆义不容辞的责任。我们希望通过将该书应用到青少年的思想政治教育中，推动"大思政"建设走深走实、见行见效。中共二大会址纪念馆也将持续发掘"首部党章诞生地"红色文化资源，"让旧址遗迹成为党史'教室'，让文物史料成为党史'教材'，让英烈模范成为党史'教师'"。推动红色文化全方位融入思想道德教育、文化知识教育和社会实践教育，启智润心、铸魂育人。

以史为鉴、开创未来。希望这本严肃活泼的党史读物能够从思想深处打动人心，传颂伟大精神、传承红色基因、传递光荣梦想，让广大读者，尤其是青少年在党史学习教育中"燃"起来，不负韶华、不负时代，书写为中国式现代化挺膺担当的青春篇章。

华东师范大学-中共二大会址纪念馆

党章研究中心主任，华东师范大学

教授、博士生导师　周敬青

目 录

首部党章诞生地

倪 娜 孙晓芳

引 言

探寻老房子的前世今生

来到上海的市中心，在延安高架旁的绿地中伫立着这样两排石库门。黝黑的实木宅门、斑驳的清水墙面、精美的雕花门楣定格了20世纪初申城百姓的生活画面，镌刻着永不磨灭的红色记忆。这里是南成都路辅德里625号（今老成都北路7弄30号）。

/ 中共二大会址纪念馆南立面

南成都路辅德里625号属于联排式石库门旧式里弄建筑，由开发商郭福庭（音）筹建，由新瑞和洋行（Davies & Brooke Architects）的英国建筑师覃维思（Gilbert Davies）、蒲六克（J. T. Wynward Brooke）设计，1916年竣工。全部建筑一组四排，包括沿南成都路店铺，共76个单元。中共二大会址所在的石库门建筑为当时党的宣传工作负责人李达的寓所，也是人民出版社编辑部旧址所在地。1922年7月16日，中国共产党第二次全国代表大会在这里召开，来自全国各地的

12位党员代表当时全国195名党员，在这里定纲领、制章程，为崎岖漫长的中国革命之路点燃了一盏明灯。

1921年7月23日，中国共产党第一次全国代表大会在上海开幕，宣告了中国共产党的诞生。在中共一大上当选为中共中央宣传工作负责人的李达与妻子王会悟就居住于辅德里。在这里，李达和王会悟的第一个孩子出生。万家灯火，饭菜飘香，他们一家人过着平常却又不平凡的日子。

也是在这里，那楼梯拐角处，一组书橱、一张书桌和一台油印机。李达笔耕不辍、废寝忘食，用短短一年的时间编辑出版了多种

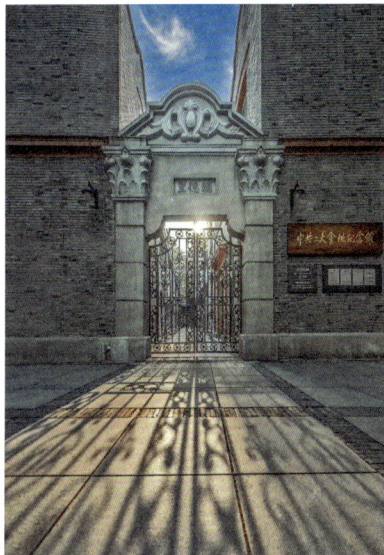

/ 中共二大会址纪念馆东门

革命理论书籍，在这几近黑暗的年代，探索着救亡图存的根本道路。这些书籍的封面上印制着这样一个名字——人民出版社。

还是在这栋老房子里，1922年的盛夏，陈独秀、李达、蔡和森等12位代表围坐在八仙桌前，他们承载着中国人民的希望，肩负着民族存亡的重担。他们在历史的迷雾中，拨云见日，燃起了中国革命最初的星星之火；在苦难的阴霾中，不懈探索，挺起了中华民族奋起的不屈脊梁。这里是中国共产党第二次全国代表大会第一次全体会议的召开地，也是首部《中国共产党章程》诞生的地方。

1922年11月，中共二大召开后不久，李达应毛泽东之邀赴湖南自修大学任教，会址自此长期作为居民住宅，深藏闹市，鲜为人知。

1954年2月，上海市革命历史纪念馆筹备处的同志根据中共上海市委的指示，开始对党的二大会址进行寻找和踏勘。他们根据李达、王会悟夫妇的回忆，找到了南成都路辅德里625号（今老成都北路7弄30号），并进行了调查了解。他们访问了辅德里的老居民，去上海市档案馆查阅工部局历史档案，核对门牌号码今昔变更情况。

上海市革命历史纪念馆筹备处的同志把老成都北路辅德7弄30号和7弄42号的房子拍了照片，寄给了李达、王会悟夫妇，请他们帮助辨认。1958年12月

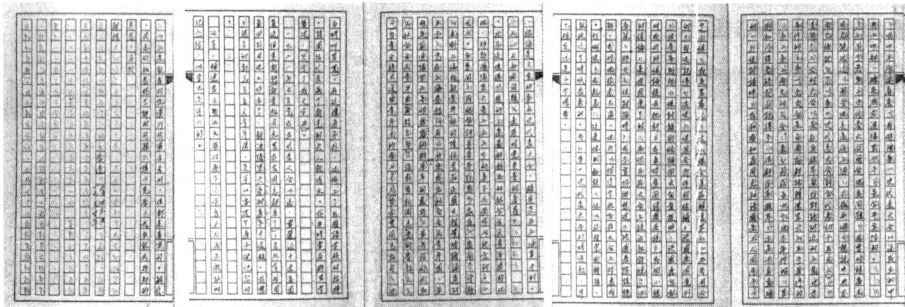

/ 1954年2月23日，李达给上海革命历史纪念馆的书信涉及中共二大的内容

6日，李达给上海市革命历史纪念馆筹备处的同志回信，确认"辅德里30号（旧625号），和42、44号（旧632号A）正是当年我的寓所和平民女校校址。……30号楼下是客堂，有方桌一张和四个椅子，几个凳子。楼上是我的卧房兼书房"。并且，李达还详细回忆了当年室内的家具摆放情况。

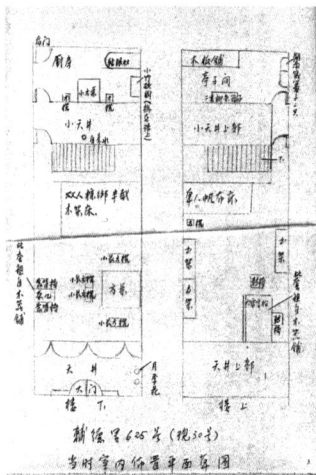

/ 王会悟信函附件

王会悟看了照片"感到非常亲切"，"引起了许多宝贵的回忆"。她也确认"南成都路辅德里625号是当年李达的寓所，正是中共二大会址和第一个人民出版社的所在地"。为了说明情况，她还专门"请人描了两张草图，并画了湖南篾篓子、自转椅、书架、床铺等图样，随信附上"。不久以后，李达来到上海，亲自前往老成都北路辅德里7弄30号和7弄42号勘认，确认无误。

1959年5月26日，上海市人民委员会把中共二大会址列为上海市文物保护单位。1977年12月7日，上海市人民政府重新予以公布。2002年6月30日，中共二大会址纪念馆（含平民女校陈列）建成并于次日正式对外开放，2009年5月被中宣部命名为"全国爱国主义教育示范基地"。2013年3月，中共二大会址被国务院公布为第七批"全国重点文物保护单位"。

让我们跟随先辈足迹走进这幢老房子，去倾听这里的岁月故事，探寻这里的伟人初心……

辅 德 里

点亮明灯，指引方向

中国共产党第二次全国代表大会在这里召开

　　旧时上海的里弄多半会取一个吉祥的名称。在上海的所有里弄中，有两个熠熠生辉的名字：中共一大召开的地点叫做"树德里"，机缘巧合，中共二大召开的地点与一大召开的地点仅一字之差，名为"辅德里"。

　　1922年7月16日，中国共产党第二次全国代表大会在上海的南成都路辅德里625号（今静安区老成都北路7弄30号）召开。

/ 辅德里全景图

/ 中共二大会址正门

关于这个开会地点的选择，当时中央局领导是几经思考的。

开始时曾经考虑过去广州召开。鉴于当时广州的政情复杂，孙（中山）陈（炯明）磨擦厉害，在那里召开大会会产生诸多不便。

上海的李汉俊寓所、陈独秀寓所相继遭租界巡捕房搜查，显然不适合。

张国焘所在的北成都路中国劳动组合书记部也遭到英租界当局的严密监控，1922年7月18日被查封，其成员被通缉。因而也并非安全的场所。

相对而言，比较安全的是中央局成员李达的寓所。南成都路辅德里625号是李达和王会悟的新婚寓所。这里是一所处于深巷内的石库门房子，整幢房子由李达一家居住，没有外人，而且房子的前门、后门都可以通行。周围是整片相同的石库门房屋，625号湮没其中，不易叫人辨识。党创办的平民女校正对李达家的后门，万一发生情况也便于疏散。附近的劳动组合书记部、平民女校和社会主义青年团中央机关等党的机关集中，便于召开小组会议。

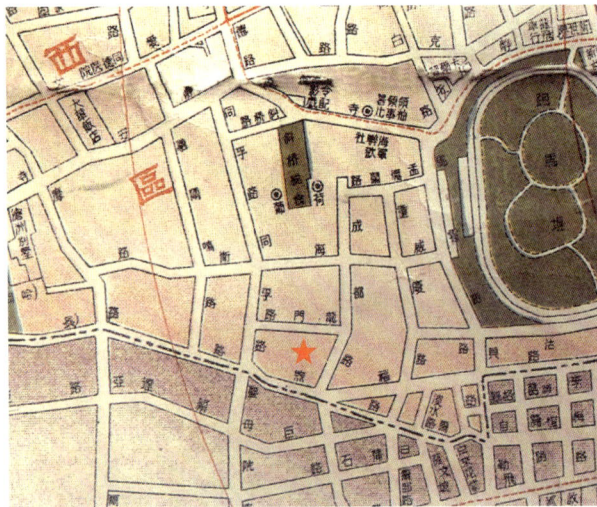

/ 中共二大会址周边地图（图中打★处为中共二大会址）

吸取中共一大开会的教训，为了保密和安全起见，中共二大是以小组讨论为主，尽量少开全体大会，且每次全体会议都要更换地点。在当时极端秘密的情况下，二大会场很难找到。毛泽东作为受邀代表之一来到上海，却未找到会址，与二大失之交臂。1936年，毛泽东在陕北保安接受美国记者埃德加·斯诺的采访时给出了明确答复。当时毛泽东不无遗憾地说："第二次党代表大会在上海召开，我本想参加，可是忘记了开会的地点，又找不到任何同志，结果没能出席。"斯诺把这篇谈话写入了著名的《西行漫记》。

/ 中共二大会址旧影

/ 辅德里旧貌

中共二大共开了三次全体会议。出席大会的代表有中央局成员、党的地方组织的代表和参加远东各国共产党及民族革命团体第一次代表大会后回国的部分成员。他们分别是中央委员陈独秀、张国焘、李达，上海代表杨明斋，北京代表罗章龙，山东代表王尽美，湖北代表许白昊，湖南代表蔡和森，广州代表谭平山，中国劳动组合书记部代表李震瀛，中国社会主义青年团中央局代表施存统等12人（尚有一人无法确定），代表全国195名党员出席了会议。寻常巷陌的石库门里弄间洋溢着中国共产党人气吞山河的壮志情怀，蕴含着中国共产党人审时度势的理性思考。

第一次全体会议上，陈独秀主持并代表中央局报告一年来党的工作，说明党成立一年来的工作概况，以及上海、北京、广东、汉口、长沙等地工人运动的情况。报告中阐述了对于时局的主张，着重阐明了党的民主革命纲领和策略，指出中国共产党是无产阶级革命的政党，其目的在于组织无产阶级革命，建立劳农专

/ 中国共产党第二次全国代表大会第一次全体会议油画（俞晓夫 绘）

政的国家，实现共产主义。但是根据中国目前的国情和革命形势，一下子开展社会主义革命是不现实的，首先开展的应该是民主主义革命，并且共产党员应该帮助资产阶级开展民主主义革命。

随后，张国焘向大会报告了远东会议的经过。他传达了共产国际东方局的指示以及列宁关于民族和殖民地问题的理论。他说，中国革命属于殖民地革命的范畴，革命的对象是帝国主义和封建主义。革命的主体是资产阶级、无产阶级和贫苦农民，应该积极援助这个民主主义革命，争取早日胜利。之后，他还报告了工人运动的状况和第一次全国劳动大会的情况。

施存统报告了社会主义青年团第一次全国代表大会的情况。

大会听取了以上三个报告以后，还听取了与会代表汇报各地工作情况的发言。在第一天会议结束的时候，推举陈独秀、张国焘、蔡和森组成起草委员会，陈独秀为执笔人，负责起草《中国共产党第二次全国大会宣言》和其他决议案。陈独秀用了两天的时间起草好初稿，提交起草委员会开会讨论。

随后的小组讨论安排在附近党员家中。李达和张国焘各负责一个小组。李达负责关于教育和妇女运动组，成员有蔡和森等人；张国焘主持的关于职工运动问题小组，成员基本都是劳动组合书记部的成员。

第二次全体会议和第三次全体会议分别在公共租界的其他地方举行。第二次

/ 中共二大第一次全体会议原址

全体会议讨论了党一年来的工作，肯定了党组织的发展、工人运动、青年运动，以及宣传马克思主义等方面所取得的进展，批准了中央执行委员会的工作报告，追认《对于时局的主张》，以及第一次全国劳动大会和社会主义青年团第一次全国大会的决议。会上，大家围绕党在现阶段革命方针的问题进行了充分的讨论。

第三次全体会议上，根据列宁民族殖民地革命理论和中国社会政治状况，以及远东大会的精神，讨论通过了包括《中国共产党第二次全国代表大会宣言》《中国共产党章程》《关于"民主的联合战线"的议决案》等在内的11份文件。

大会还依据《中国共产党章程》的规定，选举产生了第二届中央执行委员会。陈独秀、张国焘、蔡和森、高君宇、邓中夏5人当选为中央执行委员，另选出3名候补委员。陈独秀被选为委员长，蔡和森、张国焘分别负责党的宣传工作和组织工作。

会议是短暂的，但是所取得的成就是巨大的。它成就了中共创建史上的七个"第一"：第一次提出了党的反帝反封建的民主革命纲领，制定了第一部《中国共产党章程》，第一次明确提出党的统一战线政策——通过《关于"民主的联合战线"的议决案》，第一次公开发表《中国共产党宣言》，第一次比较完整地对工人运动、青少年运动和妇女运动提出要求，第一次明确决定加入共产国际，第一次明文提出了"中国共产党万岁"的口号。中共二大在我们党的创建过程中起了重要的作用，是我们党的历史上的一个重要的里程碑，它与党的一大共同完成了党的创建任务。

党的第一个出版机构——人民出版社

　　党的一大召开之后，宣传工作负责人李达就开始马不停蹄地投入马克思主义宣传工作。当时，他和妻子王会悟租住在南成都路辅德里625号（今老成都北路7弄30号）一栋一楼一底的石库门房子。在这里，李达潜心编辑《共产党》月刊，同时为了更加系统地传播马克思主义，李达主持创立人民出版社，计划出版一套丛书。

　　1921年9月1日，在李达的主持下，人民出版社正式成立。《新青年》第9卷第5号刊登了一则"通告"，以人民出版社的名义声称"近年来新主义新学说盛行，研究的人渐渐多了，本社同仁为供给此项要求起见，特刊行各种重要书籍，以资同志诸君之研究"。随后，中央局书记陈独秀亲自签发了《中国共产党中央局通告——关于建立与发展党团工会组织及宣传工作等》，对"中央局宣传部"的工作提出了明确的要求："明年七月以前，必须出书（关于纯粹的共产主义者）二十种以上。"李达是一个典型的学究，工作极其认真负责。他身兼数职，笔耕不辍，没日没夜地开展著书和编辑工作。

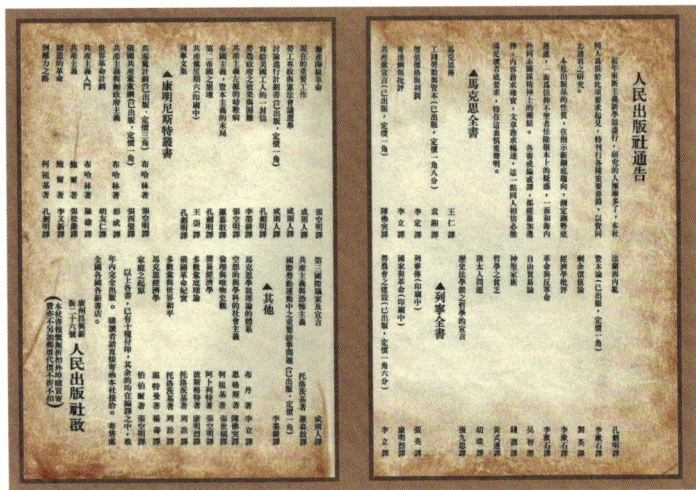

/ 李达

/ 《人民出版社通告》

人民出版社"通告"中提到的"本社同仁"，其实只有两个人：一个就是"主编"李达，负责编辑、校对、发行等；还有一个就是雇佣的工人，负责包装和传递，人手极度短缺。而李达给人民出版社制定了一个宏大的出版计划：准备出"马克思全书"15种，"列宁全书"14种，"康民尼斯特（共产主义）丛书"11种，其他理论书籍9种。这一计划远超中央的要求。与此同时，人民出版社还要负责发行《共产党》月刊。《共产党》月刊的发行是秘密的，覆盖外埠，最高发行量逾5 000册。为了避免帝国主义和北洋军阀的搜查与破坏，在人民出版社出版的书刊上故意印着"广州人民出版社"的字样，社址则印为"广州昌兴马路26号"。当时工作量之大，工作难度之大，是难以想象的。

／ 人民出版社旧址内景

中共二大召开前，人民出版社已出版了2种"马克思全书"（《共产党宣言》《工钱劳动与资本》）、5种"列宁全书"（《劳农会之建设》《讨论进行计划书》《劳农政府之成功与困难》《共产党礼拜六》《列宁传》）、5种"康民尼斯特丛书"（《俄国共产党党纲》《国际劳动运动中之重要时事问题》《第三国际议案及宣言》《共产党计划》《俄国革命纪实》），每种书印数3 000册。同时，出版社还大量印刷文章、传单等，有力地配合了各地工人运动，服务党的中心工作。在中共二大上，人民出版社的工作受到一致好评。

备受鼓舞的李达一鼓作气，至1922年9月，又推出列宁的《国家与革命》，以及《劳动运动史》《两个工人谈话》《太平洋会议与吾人之态度》《李卜克内西纪念》《反对帝国主义运动》《社会进化简史》《女性中心论》等十余种书籍。

前后二十余种马列主义图书的问世堪称近现代中国马克思主义传播史上的一个奇迹。这是在我国第一次有组织、有计划地出版马克思、恩格斯著作和列宁著作，开拓了中国出版事业的新路子。

/ 人民出版社出版的部分图书

中国共产党培养妇女干部的摇篮——平民女校

在中共二大会址所在的这条弄堂里，还坐落着一处上海市文物保护建筑——平民女校旧址，这是中国共产党培养妇女干部的第一所学校。1921年10月，陈独秀与李达商量在上海创办平民女校，以期养成妇运人才，开展妇女工作。由于在帝国主义和北洋军阀统治下的上海，共产党完全处于秘密状态，不能公开办学，所以便想以上海女界联合会的名义进行筹办。

李达的夫人王会悟是上海女界联合会的成员，李达和陈独秀便同她商量能否用中华女界联合会的名义。王会悟即同联合会会长徐宗汉商谈。徐宗汉是同盟会元老黄兴的夫人，在社会上很有声望，与陈独秀、李达都有交往。她对开办平民女校欣然赞同，并且认为，这样一来对妇女很有好处，女界联合会的声望也会提高。

随后，李达租借了住所后面南成都路辅德里632号A（今老成都北路7弄42号—44号）作校舍。鉴于当时党的经费紧张，每月50元的租金由李达用自己的稿费支付，课桌椅都是徐宗汉捐助的。1922年2月，平民女校在上海正式诞生。

平民女校吸引了很多追求真理和妇女解放的新女性慕名前来。湖南桃源第二女子师范学校的进步学生王剑虹在上海拜访了陈独秀、李达，了解了女校筹备情况，1921年底回到湖南向同学亲友介绍了这所新式女子学校。于是，她的同窗好友丁玲、湖南溆浦小学教员王一知、堂姑王醒予等纷纷从湖南来到上海，走进平民女校。女校学生钱希均从小是童养媳，是张秋人的未婚妻。张秋人参加革命后，对封建婚姻深恶痛绝。他一直没有和钱希均结婚，但是对钱希均给予深深的同情，把她当做自己的妹妹。他让钱希均化名张静，介绍她进入女校读书，从此也改变了钱希均的一生。

平民女校有学员30人左右。因为学生年龄差别很大（从12岁到30岁左右），文化程度也参差不齐（从文盲到初中生），所以分为高级班和初级班。平民女校的办学制度首先体现在"平民"二字。"平民"是别于"贵族"的意思，换句话说，何以称作平民女校，因为第一，这是平民求学的地方；第二，这是有平民精神的女子养成所。女校实行半工半读，学生靠做工获得收入以维持生活。工作部为学生参加生产劳动的场所，设成衣组和织袜组，其劳动成果均对外销售。这种办学的创新尝试不仅解决了贫寒学生学习经费短缺的燃眉之急，而且让妇女学会了一项安身立命的技能，将理论学习和实践操作有机结合在一起，引导了当时女子教育的发展趋势。李达曾热情洋溢地称赞"平民女学是到新社会的第一步"。

陈独秀、陈望道、李达、刘少奇、邵力子、沈雁冰、沈泽民、周昌寿等一批名望颇高的国内早期马克思主义者和我党早期领导人都曾在女校任教。在李达的倡导下，他们从教学内容和教学方法上都进行了彻底变革。"各教师所选的教本，都是适应新思想，又合乎平民的。"例如，国文教员邵力子所教授的文章都是报纸上、杂志上、小说上所载的译文或评论；作文教员陈望道所教授的写作不注重文字，而注重意义；代数教员李达还专门为学生讲授马列主义原理；英语教员沈泽民的教本是莫泊桑的小说和陀思妥耶夫斯基的《穷人》英译本。最难能可贵的是，教员除了按规定讲课外，每周还轮流有两个小时的演讲，介绍关于平民女子的切身问题。

除了上课、听演讲、做工之外，平民女校的学生还直接参加革命斗争的实践，这促进了与劳动妇女运动相结合。女校学生参加了全市学生组织的罢工工人经济后援会，挂着竹筒、拿着小旗，不顾巡捕的威胁，到街上募捐，支援罢工工人，大大地鼓舞了罢工工人的斗志。

1922年底，平民女校停办。停办后，部分学生（钱希均、丁玲、王剑虹、王一知）转到当时的共产党人和国民党合作的"上海大学"进行学习。从平民女校走出的女学生在校初步受到了马列主义的熏陶，学习了新的文化、科学知识，并开始走上革命的征途。经过以后艰苦的革命斗争的锻炼，她们中间有的同志成了坚强的革命家和社会活动家，有的成了著名的作家、文学家和教育家。小小的女校正如沈泽民在文章中所指出的那样，"实现（了）我们理想中所盼望的妇女运动之花"。

民主的联合战线政策的提出与实现

中共二大第一次明确提出党的统一战线政策——通过《关于"民主的联合战线"的议决案》。这是我们党第一次提出与资产阶级民主派——以孙中山为代表的国民党为主要对象建立联合战线的政策，改变了中共一大文件中提出的"不与其他政党派别建立任何关系"的决定。国共两党合作是大势所趋，但是究竟采取什么样的合作方式在中共二大上却没有明确。

中共二大闭幕后一个多月，中共中央第二届执行委员会委员陈独秀、张国焘、蔡和森、高君宇，以及李大钊、马林及张太雷（负责翻译工作）等人汇聚盛夏的杭州西子湖畔，共同讨论一直悬而未决的国共合作的形式问题。

会上，马林根据共产国际的指示，建议中国共产党员以个人身份加入国民党，实现国共合作。他详细阐述了"党内合作"是国共建立联合战线唯一可行的

/ 西湖会议（夏葆元 绘）

办法的五条理由。

马林的这些理由和建议一经提出立即遭到其他与会者的强烈反对。陈独秀、张国焘、蔡和森均持明确否定态度。双方僵持不下。

为了缓解僵持不下的局面，李大钊等人竭力斡旋，开展说服工作。而马林也最终拿出"杀手锏"，指出"党内合作"是共产国际已经决定的政策。陈独秀为"尊重国际纪律"，顾全大局，接受了共产国际的指示。

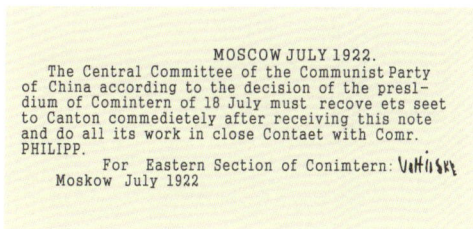

MOSCOW JULY 1922.
The Central Committee of the Communist Party of China according to the decision of the presldium of Comintern of 18 July must recove ets seet to Canton commedietely after receiving this note and do all its work in close Contaet with Comr. PHILIPP.
For Eastern Section of Conimtern: VuHOSKE
Moskow July 1922

/ 缝制在马林衬衫上的《共产国际给中国共产党中央委员会的命令》

会议最终达成了一致，通过了只要国民党根据民主主义原则进行改组并取消打手模等封建形式，中共的少数负责同志可以根据党的指示加入国民党为党员的决定，以此实现国共合作。至此，中共二大上提出的党外合作的联合方式发生了巨大转变，"民主联合战线"从"理想"变成了"实际"。

西湖会议后，陈独秀、李大钊回到上海，去拜访因陈炯明叛变而在沪寓居的

/ 李大钊与孙中山在上海会见
（魏谦 绘）

孙中山。在交谈中，双方说了很多推心置腹的话。

这之后，李大钊多次与孙中山进行会晤，共同讨论振兴国民党以振兴中国的问题，两人畅谈不倦，几乎忘食。孙中山向李大钊发出邀请，希望他能够加入国民党。李大钊说："孙先生，我已是第三国际的一个党员了。"孙中山说："这不打紧，你尽管一面做第三国际的党员，一面加入本党帮助我。"

就这样，孙中山首肯了共产党人以个人身份加入国民党，允许他们成为跨党党员。不久李大钊、陈独秀、蔡和森、张太雷等人由张继介绍，孙中山主盟，正式加入国民党。西湖会议上的决策也为中共三大上正式确立国共合作方针奠定了基础。

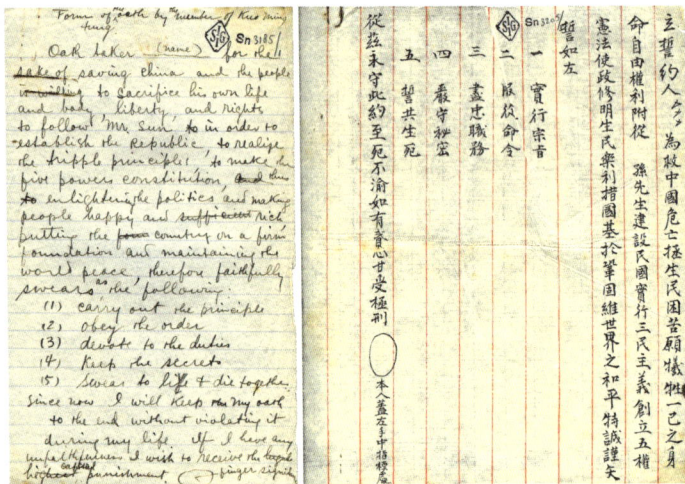

/ 加入国民党的誓约书（中英文）

建章展初心

首部《中国共产党章程》的诞生

　　中共二大会址纪念馆的党章学习厅有一面党章墙，上面集中展示了70余本党章，涵盖了最珍贵的首部党章复制件，以及从三大到二十大修订的不同版本。观众可以近距离阅读党章，学习党章，感悟党章，品味其字里行间所彰显的中国共产党人不变的初心与使命。其中最显眼的就是红色展框中的20世纪50年代复制的中共二大党章。原件是诞生于1922年的中共二大文献合订本，文本中包含了中国共产党的首部《中国共产党章程》，这也是目前发现的唯一存世的中共

/ 中共二大会址纪念馆党章学习厅里的党章墙

二大中文文献。

从中共一大到二大的一年时间里，党的组织有所扩大，在开展工人运动和群众工作方面积累了经验，在学习研究和传播建党理论方面也有新的提高。制定党的章程已是党组织进一步发展的需要。中共二大担负起了制定首部党章的历史重任。

1922年中共二大召开时，与会代表推选了一个起草委员会负责草拟包括中共二大党章在内的会议文件。该起草委员会由陈独秀、张国焘、蔡和森三人组成，其中，陈独秀为执笔人。他们参考中共一大通过的《中国共产党第一个纲领》，以及俄共八大通过的党章这两个蓝本，起草了《中国共产党章程》和《关于共产党的组织章程决议案》两份文件。决议案承担了党章的总纲职能，章程则更多具有党的根本法规法条的性质。这两份文件较为完整地构筑了中共二大诞生的党章体系。

决议案清晰指出中国共产党的无产阶级先锋队性质。"先锋队"是对早期共产党人创举的最好诠释，也是对之后共产党人最高的要求。这意味着共产党人要有敢为天下先的魄力，成为中国开展革命、建设和改革事业的领导力量。时至今日，"先锋队"的性质仍被沿用并得到发展。同时，文中还指出党员要遵守革命运动的"两大律"。其中，"必须深入到广大的群众里面去"这一概念的提出也为党的群众路线奠定了基础。而"党的内部必须有适应于革命的组织与训练"的规定，使得二大后一个从中央到地方的严密党组织得以迅速建立。

章程共分6章29条，其核心内容是建立严密的各级组织，加强党的纪律性，它对于坚持党的无产阶级先锋队的性质，指导党员言行，健全党内生活，促进组织发展，提高党的战斗力起到了积极的作用。

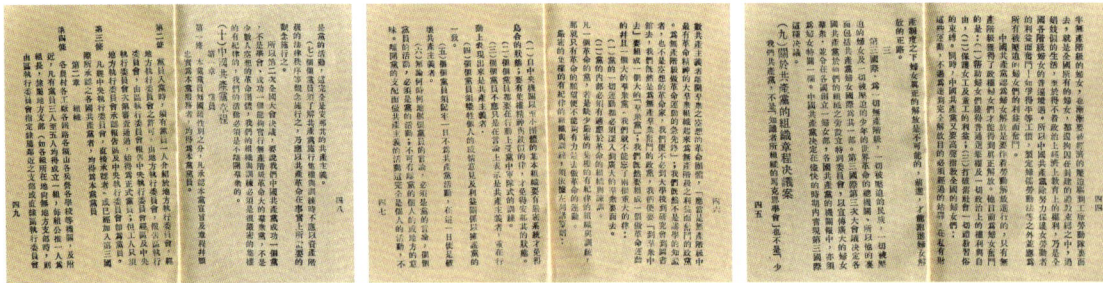

/ 中国共产党第二次全国代表大会上通过的《关于共产党的组织章程决议案》

中共二大党章的通过标志着中国共产党有了自己最高的政治行为规范。

中共二大文献合订本的最后一页印有一枚红色收藏章，上面清晰地镌刻着"张静泉'人亚'同志秘藏"。张人亚，浙江宁波人，是中国共产党早期党员之一。这本弥足珍贵的小册子正是当年由他和他的家人忠诚守护才得以流传至今。当相关部门向张人亚亲属颁发奖金时，却被他们一再婉言谢绝。他们说，张人亚已经过世，又没有留下子女，这些奖金没有人可以接受。

2017年习近平总书记在瞻仰中共一大会址时，在张人亚捐赠的文物前久久凝望，连称珍贵。历经百年岁月洗礼，这些文本的纸张虽早已泛黄，但是其蕴含的思想却永不褪色。

/ 首部党章守护人张人亚　　　　/ 张人亚收藏章

党章的雏形——《中国共产党第一个纲领》

中国共产党成立之初处于秘密状态，后来又经历了无数波折和坎坷，所以中共一大会议上通过的文件在很长的一段时间内没有找到。1957年，苏联共产党将有关中国共产党驻共产国际代表团的档案资料移交给中共，其中发现了中共一大通过的三份文件。后经董必武鉴定，肯定这三份文件"是比较可靠的材料"。1960年，美国哥伦比亚大学中国史教授韦慕庭在学校图书馆的旧纸堆中发现了署名陈公博的一篇硕士论文《共产主义运动在中国》。论文的附件中收录了两份一大文件。随后，韦慕庭将这些文件公开发表。1982年，中国社会科学院近代史研究所将这些文件英文版翻印成中文公开出版，这也是我们今天研究一大的重要资料。

中共一大通过的《中国共产党第一个纲领》是一个历史性的文件，它旗帜鲜明地提出了中国共产党的政治主张。这份纲领总共15条，但是目前不论英文还是俄文版本都缺少第十一条，所以现存14条，总共约900字。第一条明确了政党的名称为中国共产党；第二条阐述了党的纲领，提出党的基础任务是联合无产阶级革命军队推翻资产阶级，由劳动阶级重建国家，实现无产阶级专政，推翻资本主义私有制，最终达到共产主义；第三条说明了党的组织形式采用联合会形式组织工农劳动者和士兵；从第四条到第十五条基本都是党章的内容，规定了党员条件、入党手续、中央组织及地方组织规范、党的纪律、群众工作和修改程序等内容。在一个政党刚刚成立之际，谨慎发展党员，严格规范入党流程，高度重视严密的组织纪律要求等具有重大意义。

据部分党的一大亲历者回忆，《中国共产党第一个纲领》在制定过程中充分发扬民主，代表们围绕党的性质、奋斗目标、组织原则、斗争策略以及对孙中山的态度等进行了热烈的讨论。通过争论，有的统一了意见，有的仍存在分歧，则留待以后再作决定。这份文件包含了属于党章性质的条文，具备了党章的雏形，为一年后中共二大上首部党章的通过奠定了基础。

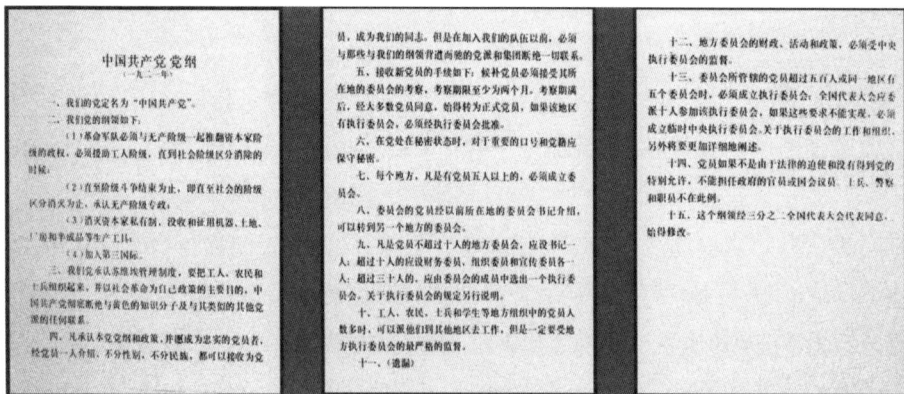

/ 《中国共产党第一个纲领》

建立一个大的"群众党"——党的群众路线的发端与发展

革命歌曲《我们共产党人好比种子》中唱道:"我们共产党人好比种子,人民好比土地,我们到了一个地方,就要同那里的人民结合起来,在人民中间生根开花。"这是根据毛泽东写于1945年的《关于重庆谈判》中的一段话改编成的。这是党的群众路线的一种形象比喻,要求共产党员像"种子"一样,在人民当中"生根开花"。

群众路线是党的生命线和根本工作路线,其真正的发端正是中国共产党第二次全国代表大会。

1922年7月16—23日,中国共产党第二次全国代表大会在上海召开。会议通过的《关于共产党的组织章程决议案》这样表述:"我们共产党,……是无产阶级中最有革命精神的广大群众组织起来为无产阶级之利益而奋斗的政党,为无产阶级做革命运动的急先锋;……我们既然是为无产群众奋斗的政党,我们便要'到群众中去',要组成一个大的'群众党';我们既然要组成一个做革命运动的并且一个大的群众党,我们就不能忘了两个重大的律:(一)党的一切运动都必须深入到广大的群众里面去;(二)党的内部必须有适应于革命的组织与训练。"

根据中共二大会议确定的精神,我们党广泛发动群众,工农青妇运动蓬勃开展,开始了群众路线的伟大实践。在中国共产党开展的革命、建设和改革的长期实践中,群众路线逐渐完善、发展并成为我们党的生命线和根本工作路线。党的七大把群众路线的基本精神明确载入了党章。1992年10月通过的十四大党章把党的群众路线表述为"党在自己的工作中实行群众路线,一切为了群众,一切依靠群众,从群众中来,到群众中去,把党的正确主张变为群众的自觉行动"。历史一再证明,我们党取得的每一项胜利、每一个成就都是人民群众支持的结果。

解放战争中,人民军队以摧枯拉朽之势,秋风扫落叶一样横扫蒋介石800万军队,其秘诀就在于中国共产党及其领导的人民军队得到了人民群众的支持。

打完淮海战役以后,邓小平曾经说了这样一段话,他说三年解放战争打胜了,这是在长期的群众工作的基础上集中了一切力量才实现的。陈毅也曾动情地说，淮海战役的胜利是人民群众用小车推出来的。

参加淮海战役的人民军队共约60万人，国民党军队兵力近80万人。淮海战役最终取得了完全的胜利，歼灭敌军55.5万人。夺取胜利的一个重要原因是我党坚持群众路线，一切为了群众，一切依靠群众。解放区和邻近战区的广大群众在"一切为了前线胜利"的口号下，克服重重困难，从人力、物力、财力上支援子弟兵。来自江苏、山东、河南、安徽、河北5省的支前民工云集淮海战场，冒着枪林弹雨，忍着风雪饥寒，破冰渡河，长途跋涉，支援前线。在运输上，人如潮涌，车轮滚滚，夜以继日，川流不息，一派"几十万民工走不通。骏马高车送粮食，随军旋转逐西东，前线争立功"的壮观景象。后方群众，不分男女老幼，参与冬耕生产，昼夜突击碾米磨面，加工军粮，赶做军鞋、军衣，筹集粮草，照料伤员。据统计，整个淮海战役，动员支前民工543万人，为参战部队的9倍。动用单架20.6万副、大小车辆88万余辆、担子35.5万副、船8 500余艘。向前线共运送1 460多万斤弹药、9.6亿斤粮食和其他大量军需物资，向后方转送11万名伤病员，出色地完成了艰巨的运输任务。"最后一碗米送去做军粮，最后一尺布送去做军衣，最后老棉被盖在担架上，最后亲骨肉送他上战场。"当年，这首脍炙人口的河北民谣正是对这一情景的生动诠释。

1949年《人民日报》对"百万雄师过大江"有这样的报道："一时红旗挥

/《淮海战役》（鲁迅美术学院 绘）

动，冲锋号齐响，炮火映红了的江面，突然扬起几千张白帆，迳向对岸的火光飞去……"这"突然扬起几千张白帆"之谜三个多月后由邓小平解开，是"几十万民工"的鼎力相助才有的。

1949年8月4日，邓小平在向新政协筹备会代表所作的报告中说，我们渡江需要船，原有的船被国民党全部拉到江南去了，我们的船停靠在长江以北的内湖和内河里（每船可载八至十二人，大者五十人，最大者一百人），但是内河的出口当时被敌人封锁了，因此船不能从内河入江。对这样的困难，有些所谓军事家认为不可克服，然而我们克服了。渡江的时候，敌人不明白我们的船是从什么地方来的。其实，我们的船不是从水路出去的，而是从旱路出去的。

我们的办法叫做掘渠。我们是把船拖出去的。有时为疏通一条渠道使船出去，要掘几十里（最长的有六十里）的小河沟。为了掘渠翻坝，曾使用了两千一百万个人工。这样巨大的工程是在一个半月的准备时间中完成的，是我们几十万士兵、指挥员包括师长、团长亲自参加这个劳作，以及几十万民工劳作才完成的。渡江使用的船有一万只左右，所以我百万大军能够渡过长江。

习近平总书记把群众路线视为我们党永葆青春活力和战斗力的重要传家宝，强调用心走好新时代群众路线。不论过去、现在和将来，从二大缘起的"群众路线"都是中国共产党的生命线和根本工作路线。

／ 人民解放军抢渡长江

将来的世界一定是工人们的世界——中国共产党领导的第一次工人运动高潮

在二大党章"到群众中去""组成一个大的'群众党'"等要求的指引下，中共二大对工人运动给予极大的关注，通过的《关于"工会运动与共产党"的议决案》对工人运动的发展做了全面的部署。

大江南北，群起响应，全国范围内形成了几个罢工重点地区。其中，北方区、武汉区和湖南区的发展较为迅速，成绩较为显著。

1922年1月到1923年2月，全国总共爆发100多次罢工斗争，有30多万工人直接参加了罢工，形成了中国共产党领导工人运动的第一个高潮。

作为这次罢工高潮顶点的京汉铁路大罢工发生于1923年2月。在中国共产党的领导下，铁路工人一直是工运的一支有生力量。在众多的铁路工会中，京汉铁路沿线工会的工作基础较好。1922年底，京汉铁路各站已经建立起长辛店、保定、郑州、江岸等16个工会分会，广大工人迫切要求建立全路统一的工会组织。1923年2月1日，京汉铁路总工会筹备会在郑州召开京汉铁路总工会成立大会。

京汉铁路的运营收入是军阀吴佩孚军饷的主要来源。当初在军阀派系斗争中，吴佩孚为了拉拢工人，曾经高喊"保护劳工"的口号。工运热情日益高涨，威胁到他的统治时，他大为震惊，并撕下虚伪的面具，表示，郑州是个军事区域，不能开会，并派出大批军警准备对会议进行破坏，妄图阻止会议的召开。

2月1日上午，郑州全城戒严，军警荷枪实弹，禁止工人代表进入会场。来自京汉铁路各工会的代表及各铁路、各地区来宾共200多人，不顾军警的威胁，进入会场——郑州普乐园剧场，立即举行大会，宣布京汉铁路总工会成立。与会者高呼："京汉铁路总工会万岁！""劳动阶级胜利万岁！"群情激昂，声震屋宇。

军警包围了会场，企图强行解散会议。代表们与之进行英勇斗争。迫于与会代表的压力，军警未敢动武。会议一直开至下午4时，代表们冲出重围，宣布散会。会后，反动军警强行捣毁总工会和郑州分会，文件悉数被毁，勒令全部代表离开郑州。代表们受此凌辱，十分愤怒。京汉铁路总工会执行委员会当晚便召开秘密会议，决定于2月4日实行总罢工，并决定成立罢工委员会，统一指导罢工行动，当即通过一项决议和罢工宣言，号召全路工人"为自由作战，为人权作战，只有前进，决无后退"。

2月4日上午，江岸机器厂工人首先罢工。中午，全路2万多工人全部罢工，1 200多公里的铁路陷入瘫痪。张国焘、项英、罗章龙、林育南等人参与领导罢工。京汉铁路大罢工立即得到全国人民的坚决支持，引起了全社会的巨大反响。

/ 京汉铁路总工会成立大会

京汉铁路工人大罢工，引起了外国列强的恐慌。他们直接出面进行了干涉和破坏。恼羞成怒的吴佩孚在帝国主义的支持下，调动了2万多名军警镇压罢工工人，制造了震惊中外的"二七惨案"。

2月7日，军阀的屠杀开始。在江岸，全副武装的军警将工会包围，工人纠察团副团长曾玉良等36人被杀害；在长辛店，机车厂铆工、纠察队副队长葛树贵等6人被打死；在郑州车站，郑州铁路工会委员长高斌惨遭酷刑而牺牲。在江岸、涞水、高碑店，被捕后死于狱中的工人有4人。此外，罢工工人被捕的有40多人，被开除的达1 000多人，工人家属也遭到军警的迫害与洗劫。共产党人在与军阀斗争的过程中表现出大无畏的精神。江岸工会委员长、共产党员林祥谦被捕后被绑在了江岸东站电线杆上，敌人在他身上连砍数刀，并逼问他上不上工。林祥谦大义凛然、视死如归，答道："我头可断，血可流，工不可复！"最终壮烈牺牲。京汉铁路总工会与湖北省工团联合会法律顾问、共产党员施洋也于2月7日晚上被秘密杀害。

面对军阀的屠杀政策，为了保存革命力量，京汉铁路总工会和湖北省工团联合会于2月9日下达复工令。轰轰烈烈的京汉铁路大罢工以悲壮失败告终。

京汉铁路大罢工是党领导的第一次工人运动高潮的顶点，虽然以失败告终，但是给帝国主义、封建主义带来了沉重的打击。共产国际也对这次罢工给予很高的评价。《共产国际执行委员会就京汉铁路罢工工人流血事件告中国铁路工人书》中写道："铁路工人同志们！你们通过最近的罢工斗争和牺牲，已经同为反对各位剥削者而斗争的世界无产阶级联合起来了……你们已经真正进入了有组织的国际无产阶级行列。""你们的斗争已经有了一个正确的开端。"

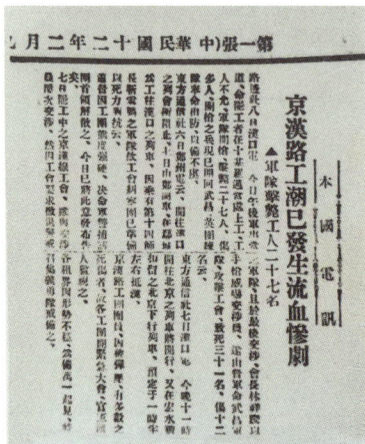

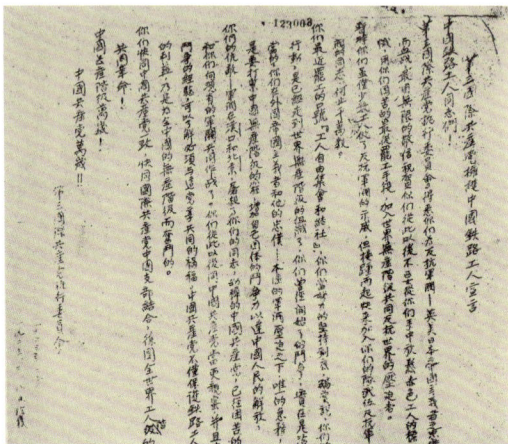

/ 《上海日报》1923年2月7日报道京汉铁路工潮血案

/ 第三国际（即共产国际）共产党执行委员会拥护京汉铁路罢工宣言

中国三万万的农民，乃是革命运动中的最大要素——田头燃起的革命星火

中共二大宣言中有这么一句话："中国三万万的农民，乃是革命运动中的最大要素。"在中国共产党的领导下，中共二大前后，田头也燃起了革命的星火。正如党章中明确的，中国共产党"应当是无产阶级中最有革命精神的广大群众组织起来为无产阶级之利益而奋斗的政党，为无产阶级做革命运动的急先锋"。

浙江的萧山县衙前镇是一个远近闻名的鱼米之乡。和中国的其他地方一样，由于北洋军阀的统治，这里的农民也饱受封建主义的压迫与剥削。

早期共产党人沈玄庐出生在这里。沈家世代都是当地有名的地主，家产殷实。早年，他留洋日本，参加同盟会，参与革命活动，主编进步杂志，深受社会主义思想的熏陶，这使他逐渐成为地主阶级的反叛者，蜕变成农民运动的领袖。

入党后，他回到家乡，以衙前为中心，开展农民运动。1921年8月的一天，他来到萧山的山北地区，头戴农民草帽，身着土布衣衫，站在土地庙的戏台上用方言向农民发表演说。通俗易懂的话语让在场农民倍感亲切，引起了强烈的反响。农民组织的宣言中，对此事曾有如下的描述："今年8月里，玄庐先生到我们北山村中戏台上演说，题目叫做'农民自决'，我们听了他的话，如见天日。"

在沈玄庐的带动下，一批在上海、杭州等地求学的进步知识分子也回到乡里，向萧山农民宣传革命道理，启迪民智，这使得农民的眼界大为开阔，觉悟大大提升。随后，沈玄庐因势利导，成立中国共产党领导的全国第一个有纲领、有章程的农会组织——萧山县衙前镇农民协会。协会成立的当年，抗税抗捐、减租减息的斗争就轰轰烈烈地开展起来了。这件事情在浙江各地引起了轰动，周边几十个村庄的农民纷纷行动起来，先后建立了80个农民协会。

彭湃被毛主席称为"农民运动大王"。他出生于地主家庭，早年就读于日本早稻田大学。

1922年，彭湃在家乡海丰县赤山约满腔热情地向农民宣传革命道理。但是，饱受地主、官吏欺压的农民似乎并不"领情"，见他穿戴整齐，脚上蹬着一双皮鞋，误以为他是下乡的"官差"，都敬而远之。

碰了钉子的彭湃不灰心，换上粗布衣裳，打着赤脚向农村走去。同时，为了更加贴近农民，他还亲力亲为，参与农活。在这一过程中，他聆听农民疾苦，用家乡话向农民讲解通俗的革命道理。赶上赶集的日子，他便在人多的地方做演讲。久而久之，他与农民之间的隔阂消除了，听他演讲的人也越来越多。

彭湃的这种行为在家里人看来近乎疯狂，很多人都耻笑他是一个"神经病"。但是，他却暗自高兴，觉得自己已经"无智识阶级化了"。

1922年7月，彭湃又在农民中间交谈。在谈话的过程中，他发现一个叫张妈安的农民很有干劲，二人相谈后十分投机。彭湃最后还邀请张妈安到家里详谈。7月29日晚，张妈安带着农友林沛、李老四、李思贤、林焕来到彭湃住处。六人秉灯夜谈，从地主剥削说到联合战斗，相谈甚欢。他们决定立即成立赤山约第一个秘密农会——"六人农会"。之后，以这6人为骨干，赤山约农会不断地发展壮大。

到了1922年底，海丰县已经有12个约、98个乡建立了农会，会员发展到2万户，占总人数的四分之一。1923年1月，海丰总农会成立，5月，海丰、陆丰、惠阳三县共有70多个约，1 500多个乡建立农会，会员达到了20多万人。

红色足迹——中国共产党章程发展历程

首部党章的制定是中共二大伟大的历史贡献之一，它标志着中国共产党创建工作的完成。2009年，中共二大会址纪念馆首次增加了特色展厅——党章历程厅。2022年底，"永远的旗帜——中国共产党章程学习厅"全新开放，系统地介绍首部《中国共产党章程》基本知识以及有关中国共产党章程的发展历程，重点展示了党的二十大通过的《中国共产党章程（修正案）》所体现的理论创新、实践创新和制度创新。目前，中共二大会址纪念馆文物库房中有"党章特色收藏"1 300余件，其中二级文物80件，三级文物154件。

中共二大通过首部《中国共产党章程》之后，除个别几次党代会，基本上每一次党代会上都会通过一部党章或者党章修正案。这些党章串联起了中国共产党建设、成长和发展的光辉历程。按照党章发展的规律，党章历程大致分为四个阶段：初创阶段（中共二大至六大党章）、成熟阶段（中共七大至八大党章）、曲折阶段（中共九大至十一大党章），以及全面发展阶段（中共十二大至现行党章）。在中国共产党历史上有几部党章产生了重要作用。

1945年4月至6月，中国共产党在延安召开第七次全国代表大会。从六大到七大经历了整整17年。17年里，中国发生了翻天覆地的变化。此时，中国抗日战争接近最后的胜利，同时，中国共产党也发生了巨大变化，在长期的斗争中成熟和壮大，成为一个在全国范围内拥有广大群众基础的，思想上、政治上、组织上巩固的，并有自己的杰出领袖的马克思列宁主义的党。党的七大是中国共产党在新民主主义革命时期极其重要的一次，也是最后一次代表大会。它将"毛泽东思想"确立为党的指导思想，首次明确提出要以生产力标准来评价一个政党的历史作用，对我们党的三项基本经验（武装斗争、统一战线、党的建设问题）进行了总结，同时还提出了三大作风（理论和实践相结合的作风、和人民群众紧密联系在一起的作风、批评与自我批评的作风）。

大会听取《关于修改党章的报告》，通过了《中国共产党党章》。七大党章是中国共产党第一次完全独立自主制定的党章，也是我党在民主革命时期最完备的一部党章。党章中第一次确定马列主义、毛泽东思想为全党的指导思想，第一次在结构上增加了内涵丰富的总纲，第一次对党员的权利和义务做出了明确规定。七大党章标志着党在政治建设、思想建设、组织建设、作风建设等方面的全面进步，为民主主义革命向社会主义革命过渡做好了充分准备。

中共二大会址纪念馆内藏有诸多版本的七大党章。其中，1945年12月中共中央书记处印制的《中国共产党党章》、1947年8月胶东新华书店出版的刘少奇著《关于修改党章的报告》、1949年3月调查局第五课的《中国共产党党规约全文》（日文版）等均为国家二级文物。

1956年，中共八大在北京召开。此时，新中国已经成立。八大党章是中国共产党成为执政党后，在国家经济政治文化生活中处于主导地位之后制定的第一部党章。它承担了社会主义革命和建设时期为执政党的建设指明方向的使命。它最突出的特点是：根据执政党的特点，提出了全面建设社会主义的任务。中共八大召开的时候，全国党员人数已经达到了1 000多万，比七大时增加了8倍。执政党的地位使党遇到了前所未有的新考验，所以党章中提到了执政党建设的问题。

展厅党章历程区的党章标尺墙通过图、文、物、多媒体等多维度的展示手法，全面生动地呈现了每一部党章的修改和发展。中共十二大至二十大党章都处于党章全面发展阶段，区域展板的色彩较为鲜艳，一目了然。其中，1982年的十二大党章是一部至今仍然在发挥重要作用的好党章，是现行党章制定的基础。十二大党章对十一大党章作了重大修改，有了一个比八大党章更充实完整的总纲，对毛泽东思想作了比七大更科学的表述。十二大党章第一次比较全面而正确地回答了新时期执政党建设的目标、途径和方法；对全体党员、党的干部提出比过去历次党章更加严格的要求；对党的民主集中制和党的纪律做出比较充分、具体的规定；对党的中央和地方组织体制做出重要改变和新的规定；首次载明入党誓词和设立"党的干部"章节。今天，每一位党员入党的时候都要面向党旗庄严宣誓，而入党誓词真正载入党章也是起源于十二大。十二大党章完全清除了十一大党章中的错误，是当时党执政以来最为充实、完善的一部党章，也为这一时期后面历部党章的制定奠定了基础。

/　中共七大、中共八大、中共十二大通过的党章

　　一块块展板、一段段讲述让观众充分了解每一部党章背后的红色故事。上海是党的诞生地、初心始发地、伟大建党精神孕育地，也是首部党章诞生地，这是这座城市无上的荣光。中共二大会址纪念馆将充分利用好千余本馆藏资源，挖掘具有代表性的党章故事，将党章学习厅送到"云端"、送到观众身边，让更多人不再受时间和空间限制，走进首部党章诞生地，从中"回顾历史、看到现在、展望未来"。

承前启后的他们

陈独秀：行无愧怍心常坦，身处艰难气若虹

中共一大召开之后，陈独秀重返上海，此时他对于革命前景充满信心。回到上海后，陈独秀看不惯马林那种"洋钦差"的作风，故二人关系非常紧张。正在此时，老渔阳里2号正陷入一张罪恶的罗网。

1921年10月4日下午2时许，法租界巡捕进入渔阳里2号，逮捕了陈独秀和他的妻子高君曼以及正在陈宅聚会的杨明斋、包惠僧、柯庆施等5人，《新青年》等印刷品也一并被搜去。其实，身为社会名人，陈独秀离粤返沪的消息早在报上刊载。经法租界包探的侦查，法租界当局很快掌握了陈独秀在沪上的行踪。于是，这才有了老渔阳里2号的那场政治逮捕。

/ 陈独秀　　　/ 老渔阳里2号旧照

在狱中，陈独秀仍处处以党的利益为先，心系党内同志的安危，与敌人进行了顽强的斗争。陈独秀叮嘱包惠僧等人，不可说出共产党的真相，一切责任都推在他身上，以争取其余人的先行获释。

陈独秀被捕的消息不胫而走，社会各界纷纷组织营救。李达、张国焘等人得知消息后，都为此四处奔波。10月26日，陈独秀获释。法租界当局以"违背禁令"出售《新青年》之罪名，宣判销毁抄没书籍，令陈独秀交罚款100元结案。

陈独秀之所以能如此迅速地出狱，除了各界营救之外，马林在其中起到了关键作用。他出钱出力，打通了会审公所的各个关节，并请著名的法国律师巴和出庭辩护，最终陈独秀才得以脱险。

马林与陈独秀和中国共产党算是共患难了一次。陈独秀本是个很重感情的人，这次被捕事件使得二人关系出现了转机。之后，二人和谐会谈了两次，一切问题都迎刃而解。从此，中国共产党接受了共产国际的领导。

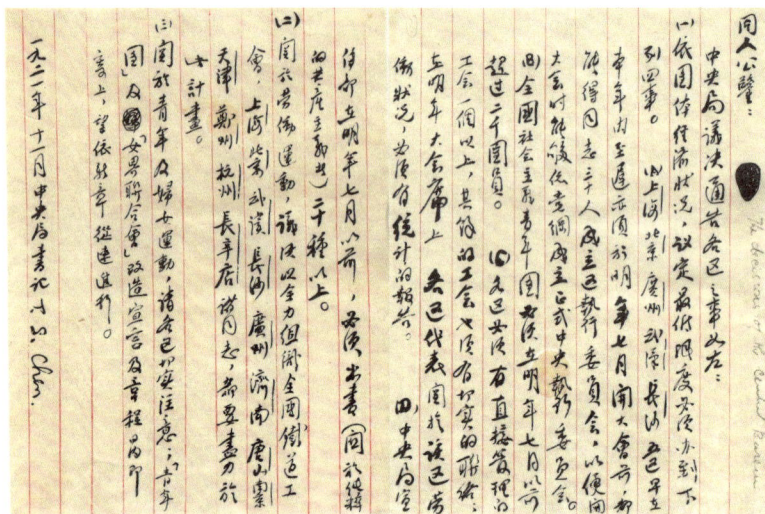

/ 1921年11月陈独秀以中央局书记的名义向全党签发的第一个《中央局通告》

1922年8月9日，离中共二大闭幕仅仅半个月，租界当局又把陈独秀逮捕了，罪名是其家中藏有违禁书籍。

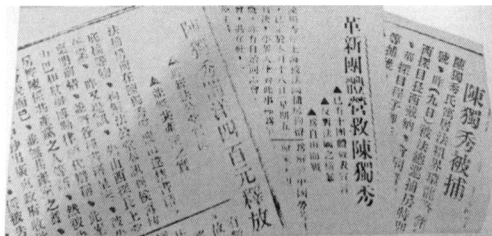

/ 陈独秀1921年被捕的有关报道   / 陈独秀1922年被捕的有关报道

陈独秀的再次被捕使进步团体"极为愤慨"。8月14日，《晨报》刊载了"马克思列宁主义研究会"等十个团体《为陈独秀被捕敬告国人》的宣言，指出："陈独秀是一个改造中国社会的先驱，一个为解放中国劳苦群众奋斗的革命家……我们一定要起来救护呀！这不仅是救护陈独秀个人，这是救护垂危的改革运动，这是解放我们自己必要的奋斗！"

胡适也写信给顾维钧，说法国人近年做的事实在大伤中国青年的感情。胡适说："我并不是为陈独秀一个人的乞援；他曾三次入狱，不是怕坐监的人，不过一来为言论自由计，二来为中法两国国民间的情感计，不得不请他出点力。"胡适还请蔡元培和法使约谈一次，以营救陈独秀。

8月18日下午，中法会审官以"宣传布尔什维克主义"的罪名，判罚陈独秀大洋400元，当天下午5时许交保释放。

陈独秀虽为文人，但性格刚毅。他一生八遭通缉、五次被捕。他没有被帝国主义和反动政府的迫害吓倒，更不为生活的清苦所动摇。出狱后，他以更大的热情投入到党的工作中。他曾豁达地说过："世界文明发源地有二：一是科学研究室，一是监狱。我们青年要立志出了研究室就入监狱，出了监狱就入研究室，这才是人生最高尚优美的生活。"李达曾经评价道："我们一敬他是一个拼命'鼓吹新思想的人'，二敬他是一个很肯'为了主义吃苦'的人。"

抗战时期，晚年的陈独秀寓居四川江津，此时的他贫病交迫。尽管凭借着社会影响力，他在生活上并不是没人接济，可他不是那种见钱眼开的人。金钱虽无臭味，可给钱的人有不同的政治背景，谁的钱坚决拒绝，他毫不含糊。有一次，他的朋友拿了100元给他，他感动得老泪纵横，却婉言谢绝："这些钱应该用来营救狱中同志，照顾烈士遗孤。"他的两个学生在国民党里做官，他俩送钱去时，陈独秀说："你们做你们的大官，发你们的大财，我不要你们的救济。"这样的例子不胜枚举。

"行无愧怍心常坦，身处艰难气若虹"是陈独秀写下的一副对联。这位中国共产党的主要创始人，无论是身居要职，还是身处陋室，他始终保持气节，把民族和人民利益放在第一位。

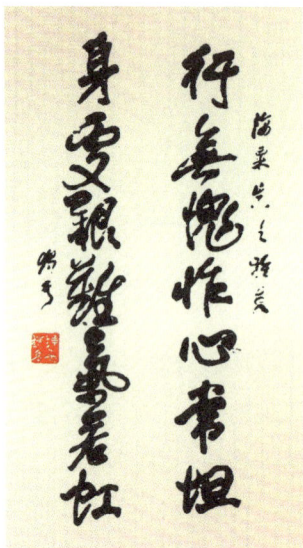

/ 陈独秀手书对联

蔡和森：一个共产党员应该做的，他都做到了

1920年在法国蒙达尼一间简陋的中学宿舍中，一位英俊的少年穿着薄旧的衣服，顶着严重的哮喘宿疾，一边翻阅着法文字典，一边学习马列主义的各种法文版小册子。他反复掂量着每一个字每一句话的分量，时而陷入沉思，时而兴奋得振臂高呼……

/ 蔡和森

他就是蔡和森，湖南湘乡双峰人。留法勤工俭学的那一年，他25岁，本应该承袭父辈们的衣钵，继续以经营"永丰辣酱"为生，过上并不富裕却安稳的日子，但是蔡和森却为自己选择了一条充满荆棘的道路。

1919年12月25日，他踏上法国邮船公司的"昂脱来蓬"号赴法勤工俭学，这一路他走得既艰苦又坚定。两年的勤工俭学生涯，蔡和森以极大的毅力如饥似渴地求知探索。作为"极端的马克思派"，蔡和森抱着"只有社会主义能够拯救中国与改造世界"的信念，首先提出了"建立共产党"的主张。他在给毛泽东的信中写道：要发展中国革命，首先要组织党——共产党。这个党必须是无产阶级的革命政党，是无产阶级的"先锋队、作战部"。他第一次举出了"中国共产党"的大旗，鲜明地指出这个党是一切群众运动的组织者和领导者，必扎根于工厂、农村、学校……收到信后的毛泽东也无比激动，去信回复："你这一封信见地极当，我没有一个字不赞成。"

归国后的蔡和森在党内承担了重要的工作。从党的二大到六大，他均当选为中央委员，在党的五大、六大上被选为中央政治局委员。他由马克思主义的理论家转变为中国革命的引领者，他认识到中国社会问题的一切都源于帝国主义，在《先驱》第9期版面上公开喊出了"打倒国际帝国主义"这一口号。蔡和森作为革命战线上的中坚力量，夜以继日地辛勤劳作，但就在此时，灾难悄悄降临了。

/ 蔡和森、向警予在法国蒙达尼结婚

1931年6月10日，香港海员们举行了一次重要会议。中共广东省委考虑到这样一个群众性集会，很可能混进侦探、特务，没有安排蔡和森去参加。但蔡和森却说："干革命，哪里需要就去哪里，不能只考虑个人的安危。"上午11时，虽然党内许多同志劝阻，但他还是决定赴会。临别时，他对家人说："下午一点前我一定回来，如果没有回来，那就是被捕了。"一语成谶，谁曾想这竟然是蔡和森对家人留下的最后一句话。一到会场，他就被早已等候的特务逮捕。在狱中，蔡和森受尽酷刑，始终英勇不屈。国民党反动派妄图从他身上得到他们需要的东西，将他打得遍体鳞伤、浑身青紫，想迫使他屈服。但是，反动派没想到他们看错了人，他们面对的不是一个思想浅薄、意志脆弱的懦

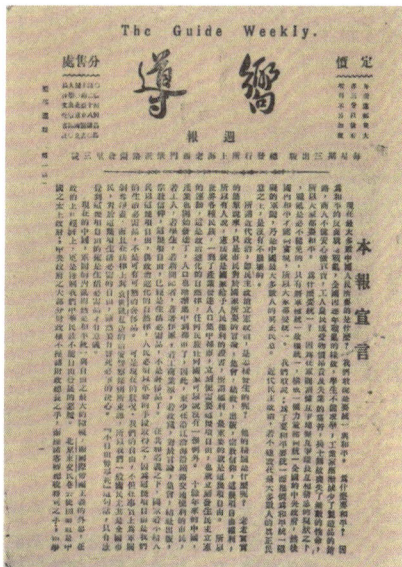

/ 蔡和森在《向导》创刊号上发表的《本报宣言》

夫，而是一位久经考验的坚强的无产阶级革命家。敌人的残暴坚定了蔡和森同志推翻反动统治的决心。狱中难友看到蔡和森遭到敌人野蛮的摧残心痛不已，但蔡

和森却作诗勉励难友。敌人黔驴技穷，野蛮地用铁钉把他的四肢钉在壁上，用刺刀把他的胸膛戳得稀烂。

蔡和森牺牲时年仅36岁，他用鲜血和生命践行了他在青年时代写下的诗句"忠诚印寸心，浩然充两间"。毛泽东同志说道："一个共产党员应该做的，和森同志都做到了。"

杨明斋：一息尚存，就应该为中国人民解放事业奋斗到底

杨明斋是中共早期党员中的一位重要人物，李大钊称颂他"万里拓荒，一身是胆"，周恩来评价他是"我党的一位忠厚长者"。他是从绥芬河走上共产国际的第一人。1920年4月，他作为共产国际远东书记处派往中国的特使维经斯基的翻译和助手来到中国，来往于北京、上海、济南等地，会见李大钊、陈独秀，推动并帮助各地建立中国共产党的早期组织。他参与建立并加入上海马克思主义研究会和上海共产党早期组织，参与创建上海社会主义青年团，担任中俄通信社负责人、外国语学社社长，与张太雷一起赴共产国际远东书记处汇报工作，参加共产国际三大，是中共二大代表之一。

/ 杨明斋　　　　／ 上海社会主义青年团外国语学社旧照

党的三大以后，杨明斋到北京担任中共北方区党报《工人周刊》编委和劳动通讯社编委。在北京北长街99号福佑寺喇嘛庙的一个配殿里一边养病一边整理1921年以来参加中西文化论战的文章，出版了《评中西文化观》，在学术界引起反响，罗章龙回忆说"蜚声国内"。1925年春，杨明斋被党中央派到黄埔军校苏联顾问团翻译室工作，与周恩来相识。1927年大革命失败后，杨明斋强烈要求回国，在北京景山西街西板桥20号著述《中国社会改造原理》。1929年冬，杨明斋决定从东北越过国境去苏联，之后的行踪便鲜为人知。

/ 北京景山西街西板桥20号旧照

直至2016年4月，杨明斋的档案和处决前的照片在俄被发现，这位中国共产党的先驱者的真实相貌和身世之谜终于得以公开。目前，中共二大会址纪念馆所展示的肖像照是2021年重新布展后才得以替换的，此前一直是一幅肖像画作。

根据档案，我们大体可以还原出杨明斋最后几年的生命轨迹：对于共产国际在中国革命道路上的指导，他提出反对意见。1930年1月，杨明斋到苏联后，在西伯利亚荒原和森林的寂寞、寒冷中经历了逮捕、流放，当伙夫、杂役的艰难岁月，后经中共代表团的帮助，他来到莫斯科，但并未被委以重任，而是被安排在苏联外国工人出版社做文字工作。他强烈要求回国，没有得到允许。1936年，他曾请求共产国际恢复他的中共党员党籍，也未得到答复。

1938年2月8日，持有苏联护照的杨明斋在共产国际招待所、莫斯科柳克斯宾馆的286房间被莫斯科州内务人民委员会第三分部带走。经搜查，属于他个人的全部财产被估价后列入一张清单：一个行李箱，四件衬衣，一面旧镜子，总价值57卢布。同年5月26日，他被枪决。此时正是苏联进入"肃反"严重扩大化时期，杨明斋被处决的罪名是"日本间谍"和"托洛茨基恐怖集团分子"，这在今天被证实是百分之百错误的。

照片中的杨明斋目光如炬、炯炯有神，展现出虽身在异国他乡受尽不公与屈辱但仍为理想慷慨赴死的不屈与凛然。1935年3月5日，他曾给共产国际写了一封信，这封信的前面有一段话："我既是一个中国人，假如我一息尚存，我就应该为中国人民的解放事业奋斗到底！"这是杨明斋的生命不息、战斗不止的精神，也成了他一生的写照。

许白昊：决当做中国有用之人

中国工运先驱许白昊1899年出生在湖北应城县城南富水河畔杨湾的一个农民家庭，他青少年时立志高远，"决当做中国有用之人"，并毅然走出家门到武汉、上海求学谋生。1922年初加入中国共产党。他曾在文章《鹃血》中写道："我愿淌干眼泪，洗净大千世界，我愿洒尽碧血，参透昏愦人生。"

/ 许白昊

由于许白昊长年在外从事工人运动，不见踪影，周围乡邻多有议论，家里也一直没有弄清他到底在做何种事情。为此，父亲许宗模很是担心，生怕他在外惹是生非，干出不三不四的事情来，于是便安排在家的二儿子许华明代笔寄书哥哥，询问在外"究竟所做的是什么事情"。而当年许白昊给他父亲的回信是他寄给家里的最后一封家书，也是唯一存世的一封家书。许家人一直将这封家书看得比生命还宝贵，一直珍藏着它，才使这封家书躲过了国民党反动派、日本侵略者的一次次洗劫。许白昊在回信中明确地告诉家人，自己现在所做的事情"就是专心实业制造的学问，考求中国实业，应如何可以发达的道理。若其详细情形，两三年后，自能大明白于天下"。至于外人有这样或那样的非议，他要求家里人要保有一种包容、宽解人的态度："听彼如何说去。将来是下流人，是上流人，不能辩白清楚，此时何必与他相争。"

许白昊在信中、信尾十分坚定地向家人表示，自己"决当做中国有用之人，不但自己不得为下流之人，并且愿教训中国已入下流之人。……自当勉力，决不愿落于人后"。他所指"下流之人"，就是对国家、民族、人民和家庭无用而有害的人，不但自己不能做这样的人，而且还要把那些已经成为无用而有害的人教育引导过来；除此之外，自己定会自我勉力，决不会掉落在他人的后面。字里行间，无不映照出许白昊胸怀天下的远大抱负，志在实业救国救民和自强不息的初衷初心。

他是这么说的，后来更是这样去做的。他多次出生入死，曾两度被捕入狱，虽酷刑加身，但丝毫没有动摇他共产党人的理想信念，直到为中国革命献出了年仅29岁的生命。

邓中夏：就算是烧成灰烬，我也是共产党员

邓中夏1894年10月出生，湖南省宜章县人。邓中夏在家中可谓是含着金汤匙长大，父亲见他好学上进、成绩优异，便打算让他传承家族光辉。然而，现实却并非如此，邓中夏走上了革命道路。

1920年初夏，北大高材生邓中夏正忙着温课迎考，忽然一个陌生人来找他，此人是上海资本家穆藕初派来的。原来，经胡适等推荐，穆藕初打算挑选一批高材生到欧美留学。这在当时是求之不得的好事，罗家伦、傅斯年都准备去应聘。

/ 邓中夏

邓中夏听了来人的话，脑海中浮现出那些买办的嘴脸，对洋人和主子卑躬屈膝，对同胞却趾高气扬。他决不愿做这样的人！决不能为此出国去！邓中夏沉思片刻就拿定了主意，说道："非常遗憾，我不能去，我的理想并非如此。"

听说邓中夏放弃了这样千载难逢的机会，同学们炸开了锅。邓中夏态度却很坚决："我们在五四运动中做了点我们该做的事，难道就是为了要出国吗？老兄，千万别忘了我们'救国救民'的誓言啊！"

这一年，邓中夏拿到了北大毕业文凭。同年，他加入北京共产党早期组织，成为中国共产党的第一批党员，从此将一生献给了共产主义事业。

自1920年4月起，邓中夏长期在北京长辛店从事工人运动。1922年5月1日，邓中夏作为长辛店工人的代表，出席在广州召开的第一次全国劳动大会，当选为中国劳动组合书记部主任。同年7月，邓中夏出席党的二大，被选为中央执行委员会委员。

1923年4月，他受李大钊推荐，参加创办国民党和共产党合办的上海大学，任总务长。在任职的两年中，他聘请蔡和森、瞿秋白、恽代英、张太雷等大批共产党员到校任教，为党培养人才。

/ 省港罢工委员会领导人在讨论罢工事宜（右一为邓中夏）

/ 邓中夏所作的漫画，表现了中国工人阶级所受到的残酷剥削

1925年中华全国总工会成立后，邓中夏任秘书长兼宣传部长，留在广州工作，不久参与组织和领导了著名的省港大罢工。

1933年5月，邓中夏在上海工作时被捕。面对敌人的威逼利诱、严刑拷打，他大义凛然，视死如归。他对狱中地下党支部负责人说："请告诉大家，就是把邓中夏的骨头烧成灰，邓中夏还是共产党员。"

邓中夏曾在狱中写下这样的话："一个人不怕短命而死，只怕死得不是时候，不是地方。中国人很重视死，有重于泰山，有轻于鸿毛。为了个人升官发财而活，那样苟且偷生的活，也可以叫做虽生犹死，真比鸿毛还轻。一个人能为了最大多数中国民众的利益，为了勤劳大众的利益而死，这是虽死犹生，比泰山还重。人只有一生一死，要死得有意义，死得有价值。"

1933年9月21日，南京雨花台刑场，邓中夏高呼着："打倒国民党反动派！""中国共产党万岁！"英勇就义，时年39岁。

林祥谦：共产党员的英雄本色

"有信仰，扬正气；有纪律，克随

性；有爱心，乐助人。"这是二七大罢工中牺牲的工人运动领袖、共产党员林祥谦的后人将无限哀思追忆凝成的一则"三有"家训。这则简单易懂的家训既蕴含了一个共产党员的高风亮节、英雄本色，也教育了后人，给芸芸众生以启迪。

/ 林祥谦

中国共产党成立后，家境贫寒的林祥谦受到了很大的启发和鼓舞，从此坚定了共产主义信仰，走上了革命道路。他利用工余时间认真阅读革命理论书刊，提升阶级觉悟；他通过各种形式大力宣传"天下工人是一家""全世界无产者联合起来"的革命道理。1922年夏，江岸工人俱乐部改名为江岸京汉铁路工会，林祥谦被推选为江岸分工会委员长。

中共二大召开后，在中国共产党的领导下，工人运动蓬勃兴起，第一次工人运动高潮来临。1923年2月，京汉铁路大罢工爆发了。林祥谦一面沉着地做好罢工的组织工作，周密地制定罢工计划和行动部署；一面不卑不亢地和敌人进行谈判周旋，挫败敌人的诱降阴谋。随着罢工斗争的继续，罢工工人生活日益困难。林祥谦勉励大家说："苦是暂时的，眼前苦一点，为的是争自由，争地位，斗争要英勇。"他还把工会不多的经费和各界援助的款项，按照工人的困难情况，适当发放给工人买米度日。这些关怀和鼓励使工友们自始至终都保持旺盛的斗志。

京汉铁路工人大罢工引起了外国列强的恐慌，他们直接出面进行了干涉和破坏。吴佩孚在帝国主义的支持下，调动了两万多军警实施镇压，制造了震惊中外的"二七惨案"。京汉铁路工人怀着对军阀匪徒的仇恨，在"为争自由而战，为争人权而战"的口号声中挥动铁棍、木棒同敌人进行勇猛搏斗。凶悍的敌兵到处枪杀、搜捕工人。工会附近的商店被洗劫一空，老人、小孩、妇女的哭喊声惊天动地；工会门前及周围，弹痕累累，尸横遍野，血流成河，惨不忍睹。林祥谦在和敌人英勇搏斗中不幸被捕。

2月7日晚，北风呼啸，雪花纷飞。敌人把林祥谦绑在木柱上，林祥谦威武不屈地怒视着敌军官兵。一开始，敌人妄图用死的威胁来迫使林祥谦下令复工，林祥谦不予理睬。威胁利诱不成，敌人凶相毕露，恶狠狠地命令刽子手举刀朝林祥谦的左肩砍去。鲜血顿时染红了林祥谦的衣裳，滴落在站台上，他忍着剧痛，巍然屹立。

林祥谦的妻子接到林祥谦被捕的消息后，立即赶到车站。工友们护送她到站台前，她看到林祥谦后急忙喊道："祥谦，你有什么交代？"早已把生死置之度外的林祥谦，突然听到已有身孕的妻子的呼唤声，着急地说："你不要管我，赶快回去吧！"敌人歇斯底里地不断向他狂叫："上不上工？"林祥谦斩钉截铁地回答："不上！"敌人又命令刽子手朝林祥谦的右肩上砍了一刀，林祥谦紧咬牙关，无比坚定地说："我头可断，血可流，工不可复！"敌人疯狂地命令刽子手一刀一刀向林祥谦身上砍去，林祥谦血流如注，顷刻昏厥。待他从昏迷中醒来，骄横的敌人得意洋洋地问他："现在怎么样了？"林祥谦使出全身力气，咬牙切齿地痛骂道："现在还有什么话可说？可怜一个好好的中国，就断送在你们这班军阀手里了！"敌人恼羞成怒，没等林祥谦的话说完，就残忍地将他杀害了。

为自由而战，为人权而战，直至流尽最后一滴血，这是林祥谦誓死践行的诺言。年轻的生命逝去，却彰显了一个共产党人的英雄本色，它是一盏指引道路的航灯，一种催人奋进的动力，一股惩恶扬善的正气。

/ 林祥谦英勇就义（李天祥 绘）

邓恩铭：不惜唯我身先死

1931年4月8日，当《申报》送到众多读者的手中时，人们用惊讶的目光读着一条用鲜血浸染的消息——《山东枪决大批红匪》。开列的二十二名"红匪"中，就有"黄伯云即邓恩铭，男，三十一岁"。

刚过而立之年的邓恩铭去世了。在刑场上，他仍然高呼："打倒帝国主义！""打倒反动军阀！""中国共产党万岁！"高唱《国际歌》，将生死置之度外。

/ 邓恩铭

邓恩铭出生于贵州省荔波县水堡寨的一户农民家庭。五四运动爆发后，他积极投身反帝爱国运动，与王尽美等人发起组织"励新学会"，参与组织济南共产党早期组织，出席党的第一次全国代表大会。1928年底，邓恩铭因叛徒告密遭到逮捕。在狱中，邓恩铭没有屈服，上演了一幕幕惊险的越狱活剧。

1929年4月，邓恩铭组织了一批共产党员，策划了第一次越狱。由于太匆忙，包括邓恩铭在内的一些共产党人，都未能成功脱逃。

邓恩铭并不灰心，又着手组织第二次越狱。这次组织工作更加严密，他把中共党员分为三个小分队，暗中把准备好的石灰装在旧信封里，分发到各个囚室；利用与家属见面的机会，与狱外中共地下组织取得联系，秘密带进钢锯条。

7月21日晚饭后，大部分看守都回家了。就在这时，第一小分队首先冲进看守处，打倒看守。第二、三小分队也马上行动，用一包包石灰撒向狱卒，疼得他们睁不开眼。三个小分队共18人，冲出大门，逃到大街。

由于身患肺结核，身体难以支撑，邓恩铭最终被抓捕回来。这次越狱之后，监狱加强了守卫，越狱已无希望，但邓恩铭心中依然坦然。在狱中，他一直自称"黄伯云"，历经审讯，法官也并不知道他就是中国共产党山东省委书记邓恩铭。

1931年3月，在给母亲的最后一封家书中，他写下一首诗："卅一年华转瞬间，壮志未酬奈何天；不惜唯我身先死，后继频频慰九泉。"

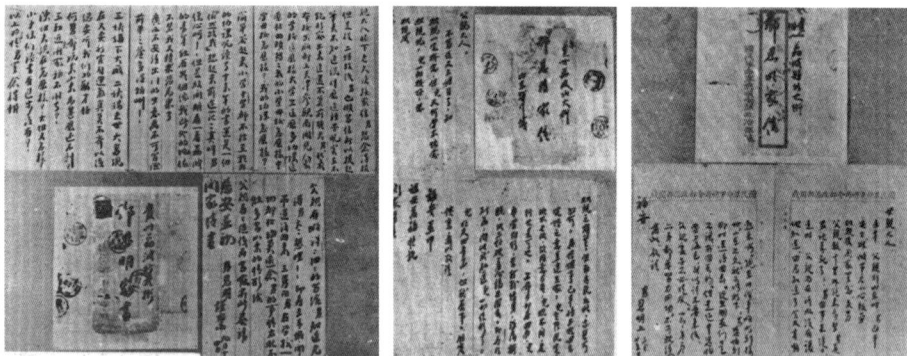

/ 邓恩铭三封家书

向警予：大革命时代的模范妇女领袖

/ 向警予

她是蔡和森的红色恋人，是中国共产党历史上第一位女性中央委员，她就是"中国无产阶级永远的爱人"、一生致力于"为女界大放光明"的向警予。1895年，向警予出生于湖南湘西溆浦县的一个土家族家庭，是家里的第九个孩子。在给父母的家书中，向警予自称"九儿"。自幼接受新式教育的她，早早便立下宁可独身生活，也决不被束缚在封建婚姻桎梏里的誓言。

1919年12月，向警予和蔡和森乘船同赴法国勤工俭学，颠簸的海船生活把他们的心紧紧系在一起。之后在蒙达尼的几个月里，他们经常促膝而谈，赠诗作答。这些诗汇编成册，蔡和森将其命名为《向上同盟》。意思说，他们两个人的志趣没有一点不同，要结成坚强的同盟，在革命的道路上奋发向上。他们的自由恋爱在当时轰动一时，他们的结合被称为"向蔡同盟"。

1922年，向警予加入中国共产党，成为最早的女共产党员之一。1923年6月，向警予当选为中央委员并担任中央妇女部部长。1925年，向警予继续当选中央妇女运动委员会负责人，领导上海妇女声援五卅运动和省港大罢工。

在繁忙的工作中，向警予唯一牵挂的就是两个年幼的孩子。为了不影响两个人的工作，向警予忍痛将一双儿女托付家人抚养。1927年3月，向警予回到湖南长沙看望多年不见的一双儿女，照了一张全家福。不承想，这一见竟是诀别，这张全家福也成为向警予与儿女最后的也是唯一的一张合影。

/ 向警予（左一）在长沙与家人合影

1927年4月，向警予参加了在武汉召开的中共五大。会后，中央多次命令向警予尽快撤离，但她都拒绝了。她说，现在是党最困难的时候，组织上和工人群众的联系几乎中断，多留一个人，就多一份力量，绝不能让工人群众失望，绝不能向敌人示弱。

1928年3月20日，由于叛徒出卖，向警予被捕。面对敌人的威逼利诱、刑讯拷问，她紧咬牙关，坚贞不屈。敌人故意选择了5月1日这个全世界劳动人民共同的节日对向警予进行处决。在走向刑场的路上，向警予高昂头颅，声音嘶哑地大声唱着《国际歌》，大声做着演讲。为了让她不再说话，敌人不停地殴打她，刽子手在她嘴里塞进石沙，又用皮带缚住她的双颊。血沫从不屈的向警予的嘴角流出，她仍坚持一路呐喊，直到生命结束。

这一天，向警予为全国人民共同的革命理想献出了生命，她把对一双儿女的思念与亏欠化成对祖国未来的期许与大爱。正如向警予曾在给女儿蔡妮的一首诗中写道的，"希望你像小鸟一样，在自由的天空飞翔，……将来在没有剥削的社会中成长"。

为有牺牲多壮志

葛 尹

引 言

探寻老房子的前世今生

在上海市静安区新闸路上，有一座历经百年风雨的旧式石库门里弄住宅建筑，木门斑驳，爬满岁月印痕。门前矗立着一块花岗岩石碑，上书"彭湃烈士在沪革命活动地点"，静静诉说着那段交织着忠贞与背叛，浸润着烈士信念与鲜血的故事。

这里曾是中共中央军委机关在沪期间的一处重要办公与开会地点。房屋建造于1919年9月，原属新闸路经远里。"经远"二字有经涉远途、作长远谋划的意

/ 中共中央军委机关旧址纪念馆外景

思，里弄名称也呼应了早期中央军委那段筚路蓝缕、运筹帷幄的革命岁月。

1959年，经访问新闸路经远里老居民，确认彭湃、杨殷等被捕地点为今613弄12号。如今，它又还原了历史的面貌，以另一种形式向我们诉说着中国共产党在军史上的伟大征程，也默默诉说着1929年8月24日，那刻骨铭心的悲壮一幕。

/ 经远里旧照

在中共中央军委机关旧址一楼的案桌上，有一台老式座钟，指针永远定格在了下午4时，这是"军委四烈士"被捕的时间。为有牺牲多壮志，敢教日月换新天。要奋斗就会有牺牲。当年发生在上海的悲壮让经远里这幢寻常的石库门小楼永远铭刻在历史的丰碑上。中国共产党一批优秀的军事运动开拓者从上海出发，为人民军队的创建、发

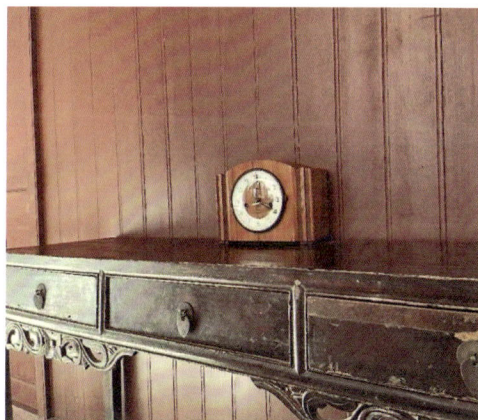

/ 中央军委机关旧址一楼座钟

展、壮大建立了不朽功勋。

艰难困苦，玉汝于成。历史不会忘记，早期中央军委对中国共产党领导开展革命武装斗争、组建人民武装力量、培育军事人才、探索武装斗争理论等诸多方面作出的杰出贡献；亦不会忘记前进中历经挫折与失误的深刻教训。"无论我们走得多远，都不能忘记来时的路。"今天，我们回溯中央军委早期的光辉业绩，缅怀革命先烈和前辈，就是要承续他们的坚定信仰，学习他们不怕牺牲、英勇斗争的伟大精神，不忘初心、牢记使命，为夺取新时代中国特色社会主义伟大胜利、实现中华民族伟大复兴的中国梦而不懈奋斗！

经 远 里

军史丰碑地

没有一个人民的军队，便没有人民的一切——中共中央军委成立

20世纪初叶，半殖民地半封建的中国正处于最黑暗的时期。1921年7月23日晚，在上海法租界望志路106号（今兴业路76号）一处叫做"树德里"的石库门弄堂里亮起了一盏灯。老式电灯透出的光芒也许不甚明亮，但足以照亮深陷晦暗、混沌中的古老中华大地。中国共产党第一次全国代表大会召开，从此，中国共产党宣告成立。党的一大通过了中国共产党第一个纲领和决议。纲领共计15条，其中有一条内容为："以无产阶级革命军队推翻资产阶级的政权，由劳动阶级重建国家。"这说明，自党成立之初，就已经清醒地认识到军事斗争的重要性，掌握马克思主义军事思想是取得革命成功的关键。

一年之后，1922年7月，还是在上海，在南成都路625号（今老成都北路7弄30号）一处叫做"辅德里"的石库门弄堂里，又一盏"明灯"被点亮。中国共产党第二次全国代表大会召开，大会通过了11份文件，其中包括《中国共产党第二次全国大会宣言》，"宣言"中第一次明确地提出了彻底反帝反封建的民主革命纲领，指出：号召全国工人、农民在党的旗帜下，加入联合战线，进行联合战争，以铲除军阀政治，消除内乱，达到中华民族完全独立，为革命斗争指明了更加清晰的方向。

上海是当时中国最大的工业城市，也是中国产业工人最集中的地方，占了全国工人总数的近三分之一。同时，上海也是帝国主义势力对华经济侵略的中心和基地，有英美公共租界和法租界，反动军阀依仗帝国主义势力，妄图把上海变为反革命的据点。因此，上海在当时的革命斗争中有着重要的地位，是革命与反革

命的必争之地。

中国共产党自成立后，中共中央机关长期设在上海，团结一切可以团结的力量，广泛开展工农群众运动，神州大地掀起了革命风暴。然而，"二七惨案""五卅惨案"的严酷现实让年轻的中国共产党人逐渐明白，只有以武装的革命对付武装的反革命，才能最终实现革命胜利。

此后，中国共产党开始重视建立民众武装力量，军事斗争以及建立军事领导机构的问题被中共中央提上了日程。

1925年9月，在苏联学习军事的王一飞、聂荣臻、叶挺、熊雄、颜昌颐等26位同志奉命回国，在上海拜访了陈独秀。鉴于党内从事军事工作的同志越来越多，党中央需要有一个专门的机构来掌握这方面的情况。于是，陈独秀安排王一飞、颜昌颐留在党中央做军委筹备工作。

1925年10月，中共第四届中央执行委员会召开第二次扩大会议，决定"中央委员会之下必须设立军事委员会"，承担系统的军事工作，但这时的中央军事部并没有进入实际工作状态。1926年2月21日至24日，中共中央在北京召开中央特别会议，鉴于"五卅运动"以后党已渐由宣传群众、组织群众而近于开始准备武装群众的时期，同时党最近的政治任务是从各方面准备广州政府的北伐，决定"中央应建立一强有力军委"，加强党的军事工作。因此，在共产国际的指导和帮助下，在大革命的滚滚洪流中，在尖锐复杂和险恶的环境中，中央军委在上海诞生，由中央工农部主任张国焘兼任主任（部长），王一飞任秘书，颜昌颐任技术书记。

中央军委成立后，对武装工农、举行起义、创建人民军队、指导红军建设等重大问题进行了艰辛探索，作出重大贡献。中国共产党对军事斗争的早期实践与探索，淬砺了人民军队的忠勇品格，根植了人民武装的红色基因，为人民军队的发展壮大积累了宝贵经验，为毛泽东农村包围城市、武装夺取政权的理论奠定了坚定基础。

风雨经远里

中共中央军委（也称军事部）和相应机构是中共中央领导军事工作的重要机

关，其组织机构和工作机制在斗争中逐步发展完善。这个机关自成立至1933年1月离开上海向苏区转移，近八年间一直跟随中共中央在上海活动（1927年四五月间曾短暂迁往武汉，同年10月间又迁回上海）。

中共中央军委最早的办公地点设在上海市宝山路宝山里的一幢二层楼房里。根据当时党的秘密工作需要，中央机关的办公地点通常设在秘书和相关工作人员的住所。1928年7月，曾在广东海陆丰工作过的黄埔一期生白鑫被调到中央军委担任秘书。据《上海市文物博物馆志》记载，新闸路经远里房屋建成后，徐姓房东即住用其中12号，并于民国18年2月将二楼租给来沪的白鑫夫妇居住。这里因为地处公共租界，周围石库门民居连排成片，人口众多，又靠近苏州河，人员较混杂，方便秘密开展军事工作，因此这里便成为中共中央军委机关的日常办公场

/ 中共中央军委机关旧址历史地图

所，周恩来、杨殷、彭湃等军委领导人经常到此秘密开会。其间，工作围绕加强自身建设、领导白区革命斗争、指导苏区和各地红军建设等做了大量卓有成效的工作，为中国革命事业和人民军队建设发展作出了重要贡献。

1929年8月24日，一个再寻常不过的夏日，午后的马路上暑气蒸人，行人稀疏。不远处的苏州河上偶尔传来几声汽笛的鸣响，很快便也在空气中消散开去。

因为水运交通便利的关系，地处公共租界边缘的新闸路一带逐渐建起了密集的住宅、商店、工厂仓库等。弄堂交错，石库门民居连排成片，浓郁的市井生活气息让藏身于其中的党的早期机关有了一种"大隐于市"的感觉。下午2点刚过，一位打扮成药商模样的男子提早走进了新闸路613弄经远里1015号（今12号）的一幢小楼里，他是在中共六大上刚刚当选为中央政治局候补委员、政治局候补常委兼军事部部长的杨殷。随后，中央政治局委员、农委书记、中央军委委员兼江苏省委军委书记彭湃，中央军委委员兼江苏省军委委员、秘书颜昌颐，年轻的吴淞群众斗争领袖、中央军委军事部兵士科科长邢士贞以及上海总工会纠察队副总指挥张际春，也陆续步入这幢石库门民居。

几名同志计划在二楼朝北的亭子间召开会议，商讨江苏省委军委的相关移交工作。为了安全起见，当时开会的桌上还特意放上了一副麻将牌作为掩护。然

/ 彭湃被捕

而大家刚刚坐定，弄堂口警笛声骤响，划破了午后的宁静。一群荷枪实弹的武装巡捕和军警从数辆红皮钢甲车里冲出，将石库门小楼的前后门团团包围。带队者破门而入，手里拿着一份名单，嘴里还叫嚣着："伍豪呢？""谁是彭湃？"因事发突然，弄堂路口又有重兵把守，根本无法撤离，杨、彭、颜、邢、张等五人当场被捕，留下了白鑫夫妇。敌人在白鑫床下搜出一些革命刊物，如《布尔塞维克》、《红旗》及共产党的中央通告等。过了一会儿，又来了一伙人，把白鑫夫妇也抓走了。这是中共中央军委成立以来所遭受的最大的一次破坏。

原本当天应前来主持会议的周恩来因故未到，才没有被捕。中央得知消息后极为震惊，周恩来指示中央特科的陈赓迅速查明原因。陈赓通过在国民党中央党部调查科驻沪办事处任职的杨登瀛，通过各方面关系了解到叛变者正是军委秘书白鑫。

白鑫，黄埔一期生，曾经在海陆丰工作过，与彭湃相识，还参加了南昌起义。1929年初，他被调到上海，担任中央军委的秘书。谁也未料到，白鑫做了彭的秘书后，马上秘密投敌，与国民党上海市党部负责人范争波取得联系，意欲一举破坏中央军委组织。1929年8月下旬，得知中央即将派彭湃赴苏联后，白鑫立即将24日的会议情况报知范，一场搜捕就此发生。

当时，国民党反动派为保护白鑫，放出烟幕。《民国日报》在刊载杀害彭湃等人的新闻后，还发了一条消息，说黄埔军校毕业生白鑫"受人之愚，误入共党，罪状较轻，已由蒋主席负责保出，业于前日带往南京，命其戴罪立功，以观后效。"实际上，白鑫叛变后寸步未离上海。

当时是通过化名柯达文的柯麟知道白鑫的住处的。柯麟当时在北四川路和老靶子路交界处的"五洲药房"挂牌行医，用以掩饰自己的身份。白鑫和柯是旧相识，但并不知柯的底细，只知道他是医生，所以经常找柯看病。彭湃等人被捕时，白鑫正患疟疾，陈赓估计白会来看病，因此告诉柯麟已派人在药房外面设点，有事就去联系。十几天后，白鑫带着两个保镖来找柯看病。柯一边给他看病一边考虑如何去通知陈赓的人，于是装作下楼取药，出后门找人，但回来时白鑫已经走了。两星期之后，白鑫打来电话，请柯麟去法租界白宫饭店给他看病。又过了两星期，柯麟接到白鑫的电话，让他到法租界霞飞路和合坊范争波公馆来看病。这样就知道了白鑫的住处。

/ 和合坊

　　特科紧急行动，在范公馆附近租了房子住下，安排5人在那里严密监视白鑫的行动。同时安排红队2人，装扮成补鞋匠及水果小贩，在弄堂至霞飞路的出口处把守。

　　为进一步摸清白鑫的下一步行动计划，陈赓继续派杨登瀛上范争波家。杨从白口中得知，白准备逃往意大利避风，时间定在11月11日。而且，杨登瀛弄清了白鑫要乘坐的轮船，并得知范争波要派车送他到码头。特科决定在白鑫动身那天走出范家大门时处决他。

　　11日下午，红队的7个人在弄堂内外埋伏了下来。夜10时，范争波的汽车和雇来的一辆汽车同时开进弄堂，停在范家后门口。接着，门开了，佣人们搬行李上车。11时多，白鑫出来了，由范争波兄弟送行，后随保镖。这些人从后门出来，向汽车走去。这时，从黑暗中冲出来几个人，一边喊着"不准动！"一边开枪，白鑫拔腿便跑，还拔出手枪抵抗，但终被追上，被击毙。保镖拔枪还未来得及还击，即被打倒。敌人四散奔逃，在乱枪中，范争波身中3枪，其弟中6枪，白鑫被击毙。等国民党便衣探子和巡捕赶到，特科的人早已无影无踪了。

"不惜一切代价营救同志"

中共中央军委的几名同志被捕后，中央指示周恩来率中央特科不惜一切代价进行营救。周恩来连夜将陈赓找来，让他去找杨登瀛，希望通过他与英美公共租界巡捕房取得联系，准备花重金将被捕的同志们保释下来，不要引渡到国民党手里。但杨登瀛认为，彭湃是全国著名的中共领导人，国民政府悬赏3万大洋缉拿他，此事又是国民党市党部托办的，将彭湃等交保释放几乎没有可能。不过，他表示可以通过关系掌握杨殷、彭湃引渡后通过囚车押送到龙华警备司令部的准确时间，安排在囚车的必经之路枫林桥劫车。周恩来思虑再三，同意了。他还特别关照陈赓，让中央特科每一个会打枪的成员都动员起来，再找几个中央军委的同志，安排他们到枫林桥劫车……

根据《陈赓传》及相关回忆文章记载，关于中央特科营救有以下几种说法。

第一种：8月28日晨，特科全体出动，埋伏在囚车经过的枫林桥附近，劫车营救。有的装成小贩、国民党军官和路人，有的化装成拍电影的外景摄影队；他们还准备了一辆装大米的卡车，准备届时拦挡囚车。万事俱备，只欠东风，就等武器运来。但在这节骨眼上出了纰漏。首先是武器送来迟了，其次是枪内的润滑油未清除，不能使用，并且已经没有清除的时间了，营救未能实现。

第二种：8月28日晨，负责送枪的三民照相馆的同志把枪送来后，特科成员拿出一看，这个驳壳枪不行，都是新枪，里面涂了一层黄油，不能打。于是赶紧去买了煤油来洗，这样就耽误了一两个小时。接着，他们上了卡车，车上放了一个三脚架，架上摆着一个箱子，假装去拍电影外景的。车停在水仙庙看守所往淞沪警备司令部必经的一个三岔路口，准备伺机营救，但等了很久都没等到囚车，后来才知道彭湃等已经被押过去了。

第三种：8月28日晨，特科人员有的化装成拍电影外景的摄影队，有的化装成小贩或者装成过路人，一起来到现场。他们还准备了装好大米的大车，打算用它挡住囚车，迫使停车，然后下手。当时约定武器由专人用箱子送到现场。可惜送武器的三民照相馆同志来迟了，再加上敌人戒备森严，营救没有成功。

狱中的斗争

1929年8月28日，杨殷、彭湃等同志被关押至龙华淞沪警备司令部监狱，敌人对他们施以酷刑。彭湃被折磨得晕过去多次，手足俱折、体无完肤，但是，同志们依然坚贞不屈，坚持与敌人做最后的斗争。

/ 上海龙华警备司令部监狱旧照

在狱中，同志们不断向在狱群众与司令部内的士兵宣传革命主张。他们与士兵谈至痛切处，士兵中有人捶胸落泪，痛骂国民党军阀非杀尽不可。当他们说至激昂处，便齐唱《国际歌》与《少年先锋歌》，士兵与狱中群众亦高呼口号和之。杨殷曾在狱中笑说："朝闻道，夕死可矣。"彭湃通过看守士兵向狱中的政治犯说了三条嘱咐，大致意思是：第一，绝对不要暴露自己的身份；第二，在狱中不要急躁，务必要忍耐；第三，对革命的前途一定要有胜利的信心，如果外面有社会关系，就尽量通过关系保释出去，继续努力为党工作。

同志们还从狱中传出了两封信。一封是联名秘密给党中央写的报告，汇报狱中斗争的情况，并提出了营救同志的设想。信中写道："尽量设法做到五人通免死刑。……不能做到，则只好牺牲没有办法之安、揆二人，而设法脱免余无口供之三人。"还有一封是他们联名写给周恩来的信，嘱咐同志们"不要因为弟等牺牲而伤心，望保重身体为要"。

走向刑场前，彭、杨、颜、邢四名同志慷慨地向士兵及狱中群众说了最后的赠言，唱着《国际歌》，呼着口号出了狱门，引得士兵及狱犯都痛哭失声，甚至看守所员都为之掩面。在被捕6天后，1929年8月30日，中央军委的四名同志在上海龙华英勇就义。英雄长眠，浩气永存。

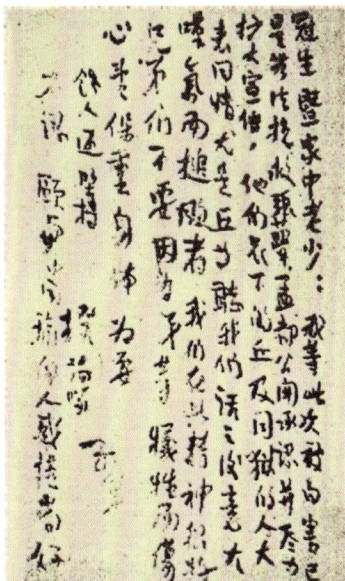

/ 杨殷、彭湃写给周恩来的信

杨殷、彭湃、颜昌颐、邢士贞四位同志牺牲后，中共中央发起纪念活动，号召广大革命群众起来反抗国民党的屠杀政策，踏着先烈们的足迹，继续革命事业，夺取中国革命战争的伟大胜利。

1929年8月31日，在得知"军委四烈士"牺牲的噩耗后，周恩来伤心不已，随即起草了《中国共产党反对国民党屠杀工农领袖的宣言》一文发表在机关报

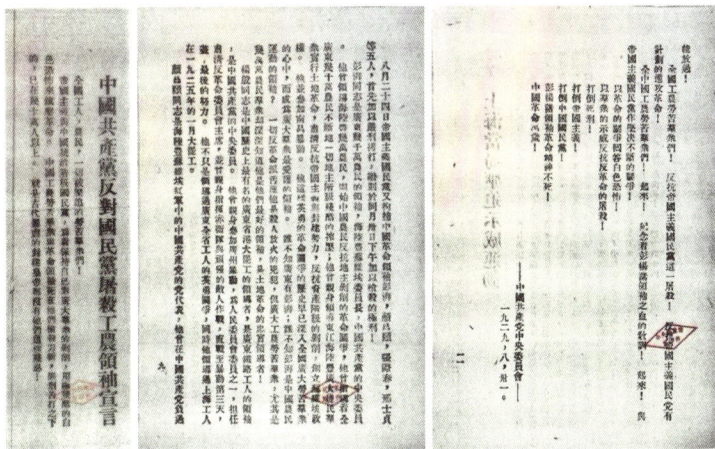

/《中国共产党反对国民党屠杀工农领袖宣言》

《红旗》第43期上，指出："全中国工农劳苦群众们！起来！纪念着彭杨诸领袖之血的教训！起来！与帝国主义国民党作坚决不断的斗争！"一年后，在"军委四烈士"一周年祭时，周恩来又再一次撰写了《纪念着血泊中我们的领袖——彭杨颜邢四同志被敌人捕杀经过》一文，表达对同志的追思，鼓励广大革命群众追随烈士遗志，继续努力前进！

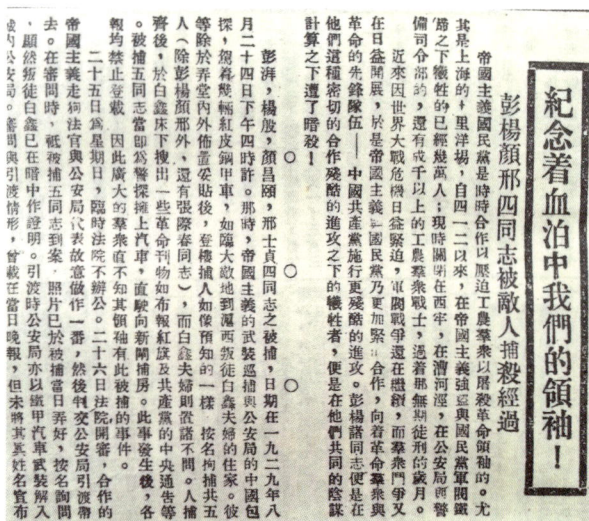

/ 《纪念着血泊中我们的领袖——彭杨颜邢四同志被
　敌人捕杀经过》

一封写给党中央的联名信

顺业兄：

　　现将我们这次的口供及经过，以至我们对这事所拟的办法报告如下：

（一）孟安（即王子安）在公安局因有人证明，已经正式承认，并当庭演说过去事。

（二）孟揆（即吕云峰）未承认。

（三）张际春（即余戴春）已承认本名，惟未承认现在校内有工作。

（四）征（即郭瑞生）供在吴淞考学校，因朋友介绍到新闻路李处，未承认其他。

（五）颐（即安菊生）供同朋友从湖北家乡来宁沪谋事至李寓。未承认其他。

我们自巡捕房经公安局到警备司令部尚未受刑，买食物尚自由，五人拘一处，均上脚镣。我们从公安局解到司令部时，对解我们之警察曾作相当宣传，他们似甚表同情。到警备司令部后，与兵士已隔绝。经常给我们来往的，只一上等兵，江西袁州人，对我们尚好。另外，有一个同在牢中的警备司令部参谋处犯官王干臣，粤梅县人，他认识盂安。据他说：司令部军法甚腐败，可用金钱运动。他有一亲戚尚在参谋处作事，可以设法。我们现正设法与之详谈。此外，慕兰（指黄慕兰）我们亦与之通讯，亦嘱她向守卫我们的特务队方面作活动。现在再说我们对此事所拟的办法：

（一）尽量设法做到五人通免死刑。

（二）上条不能做到，则只好牺牲没有办法之安、揆二人，而设法脱免余无口供之三人。

（三）运动丘哥谋逃脱。

（四）调查现在炮兵营之张庸言（沈文峰知道），看有无变动及希望。因白亦知此人。

（五）指导慕兰从中活动。

（六）调查及注意王干臣方面之关系及实情。

上述所说诸办法，均须兄方注意进行者。至于我们这方如有新的线索及办法时，自当随时报告兄处。

补注：

1. 王干臣乃黄干城之误，现暂押在司令部看守所内，可与外人接头（因犯兵士逃走案）。

2. 际春对过去事已供出，惟不承认现在有工作。

3. 送来二十元钱已收到，已交五元给送信人。送信之丘兄甚好，且见其早晚与二弟兄同来送信，似能接近丘群，望特加注意。

4. 揆之口供为从粤中家乡来作药材生意，这天同一王姓的到被捕处谈生意，并不认识李姓。

揆、安等

卅早

这是一封杨殷和彭湃在极其恶劣的环境下共同写出的联名信，更是一份对党无限忠诚的告白书。同志们忠诚地汇报了被捕及斗争的艰难处境，同时积极地提出了首先营救其他同志的意见。在这封联名信中，"顺业"是指我们党。同志们在那样危险的环境中依然期盼着党的事业顺利发展。而"安""撰"则是彭湃和杨殷自己，他们将生的希望留给他人，而自己选择为信仰献出生命。

正是因为有像杨殷、彭湃、颜昌颐、邢士贞这样信仰坚定、英勇无畏的共产党人的前赴后继，才能筑起中华民族觉醒独立的胜利坦途。他们的光荣牺牲和不朽功绩，"照耀在千万群众的心中，熔成了伟大革命的推动之力"，他们用行动诠释了"坚持真理、坚守理想，践行初心、担当使命，不怕牺牲、英勇斗争，对党忠诚、不负人民"的伟大建党精神。

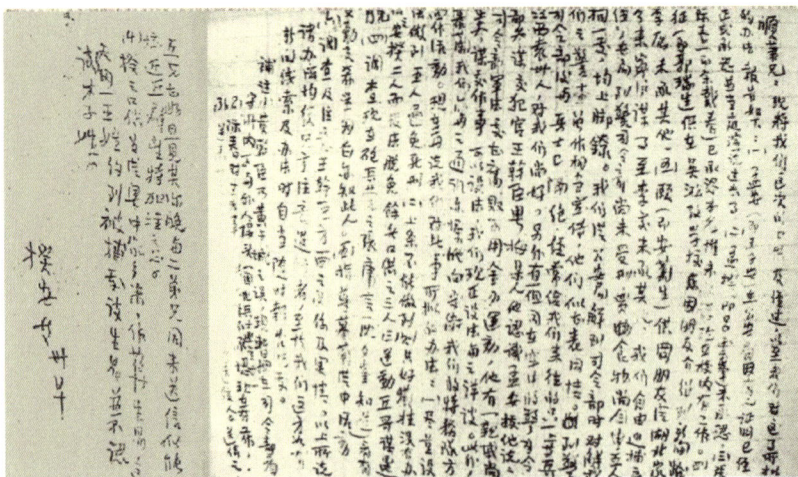

/ 狱中信件

九月来信的故事

在中国共产党领导的人民军队建设初期，中共中央、中央军委提出一些建军原则思想和设想，各地红军在斗争实践中已经遇到了许多建军的具体问题，迫切需要中央军委及时指导，统一认识加以解决。其中，红四军的建设经验最先进、最具代表性。中央军委通过开办训练班、派遣干部、传递报刊与信函等形式向各地红军宣传"朱毛红军"做法，促进了建军与作战经验交流，提升了红军的整体建设水平。

红四军是朱德率南昌起义余部与毛泽东领导的秋收起义部队骨干在井冈山会师后建立的，史称"朱毛红军"。

1929年2月2日，中共中央政治局会议听取中央军事部部长杨殷关于红四军遭到强敌尾追的报告。周恩来根据中央会议精神起草的信中要求毛泽东、朱德尽快安排分散部队，赶来中央，"将一年来万余武装群众斗争的宝贵经验，贡献到全国以至整个的革命"。

1929年4月7日，中共中央再次致信毛泽东、朱德。信中分析军阀混战的国内政治局势，指出红军目前的总任务是扩大游击战争范围，发动农民武装斗争，深入土地革命，并说"中央希望前委派一得力同志前来与中央讨论问题"。然而这段时期，红四军在实行前委集中统一领导、前委与军委的职责、反对极端民主化等问题上发生了争论，毛泽东的正确主张未能被多数人所认识和接受，6月底，毛泽东离开红四军的主要领导岗位。

红四军接到来信后，前委决定由陈毅去上海向中央汇报。随后，陈毅在闽西特委书记邓子恢的陪同下，经上杭、龙岩到厦门。

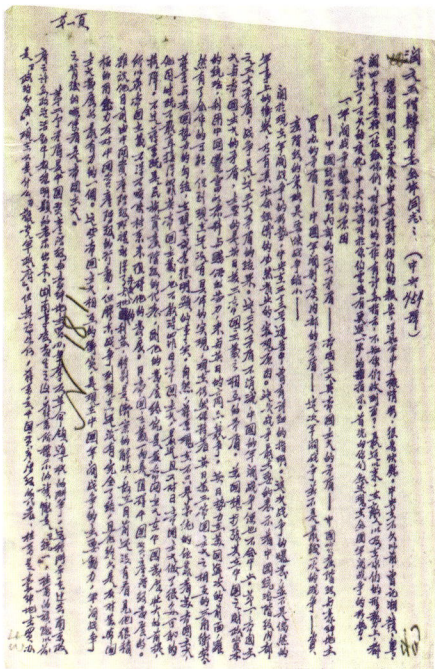

/《中共中央给朱毛前敌委员会的信——军阀战争的分析和游击战争的任务》（即四月来信）

在厦门候船期间，陈毅给在上海担任四川军阀刘存厚的少将代表的胞兄陈孟熙发了一封信，说他将乘香港英国轮船到沪，并告以大致船期。当时，堂兄陈修和也在上海兵工厂任职。陈毅乘船到达香港，同中共广东省委接上头。英国轮船于8月下旬抵达上海时，码头搜查异常严格。陈毅正打算挤到人流中去乘乱下船，忽然发现两位兄长已经登船，正在寻人。相见后，修和、孟熙立刻示意陈毅紧随他们下船上岸。两位兄长西装革履，胸佩上海龙华警备司令部徽章。陈毅衣着也得体，像个广东来的技术工人。当他们随着人流穿过码头稽查线时，没有警察拦问。两位兄长安排陈毅住进新苏台旅馆，开了一个有里外间的客房，陈孟熙住外间，陈毅住里间。陈修和则回兵工厂，常来关照。兄长们备好西装全套及警备司令部徽章一枚给陈毅。陈毅很快同中共中央机关接上头。

/ 陈毅化装赴上海　　　　　/ 新苏台旅馆

8月29日，中共中央政治局会议听取了陈毅关于红四军全面情况的详细汇报。会议决定由李立三、周恩来、陈毅组成委员会，由周恩来召集，起草有关决议，由政治局讨论通过。9月28日，经中央政治局讨论（由陈毅执笔起草、经周恩来审改），通过了"中央致红四军前委指示信"（即九月来信）。九月来信指出："先有农村红军，后有城市政权，这是中国革命的特征，这是中国经济基础的产物。"信中要求红四军前委和全体干部战士维护朱德、毛泽东的领导，并明确指出毛泽东"应仍为前委书记"。

陈毅带着中央指示信回到红四军进行传达，随即请毛泽东回红四军复职，继

续担任红四军前委书记。当年12月下旬，红
四军党的第九次代表大会在福建上杭县古田
召开，毛泽东作政治报告，朱德作军事报告。
古田会议决议系统地回答了建党、建军的一
系列根本问题，不仅把中央九月来信的精神
具体化，而且结合红四军的实际情况，发展
了九月来信的内容，确立了思想建党和政治
建军的根本原则和组织制度，成为中国共产
党和红军建设的纲领性文献。

中共中央军委（军事部）对"朱毛红军"
以及其他各地红军的经验，在各地红色区域
内进行了推广，对人民军队的建设和发展产
生了重大而深远的影响。

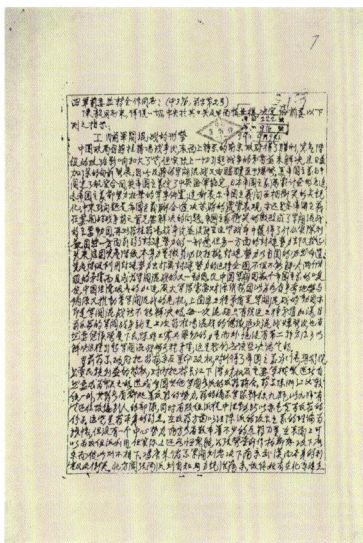

/《九月来信》

战斗的他们

杨殷：用生命捍卫信仰

/ 杨殷

他从翠亨村走出去，牺牲于黄浦江畔；他积极投身革命洪流，用生命捍卫信仰。他就是中国工人运动先驱、中共早期军事运动的杰出领袖、无产阶级革命家——杨殷。

广东香山这个岭南小城在20世纪初因为独特的区位优势成为当时中国较为富庶的地区，而香山县的翠亨村除了因为开放带来的经济发展外，更重要的是在新思想的不断传入中走出了改变中国千百年命运的人物——孙中山。同样出生于此的杨殷，在乡邻中山先生等一众仁人志士的影响下，逐渐从一名富贵阔少成长为一位渴望济世救民的侠骨少年，小小年纪便帮助孙中山兄弟传递物资、情报。19岁时，杨殷在孙中山大哥孙眉的介绍下加入同盟会，从此追随孙中山开展革命事业，当过孙中山的侍卫副官，经历过辛亥革命、二次革命、护国运动、护法运动。在对中国社会和革命形势有了更深入的理解后，他于1922年加入了中国共产党。为了革命，杨殷不惜毁家纾难，将妻子留下的嫁妆珠宝倾囊拿出，支援党的事业。入党之初，杨殷就在莫斯科接受了专业的情报工作训练。在中央特科成立前，杨殷一直在开拓党的情报工作，为党的隐蔽战线工作作出了巨大贡献。长期战斗在情报工作前线的杨殷有着高超的反侦察能力，多次躲过敌人的追捕，直到这一天，他没能逃走……

那是1929年8月24日，刚刚当选为中央政治局候补委员、政治局候补常委兼军事部部长的杨殷与彭湃、颜昌颐、邢士贞、张际春在新闸路613弄经远里1015号（今12号）二楼亭子间开会，商讨江苏省委军委的相关移交工作。由于叛徒白鑫的告密，杨殷、彭湃等五位同志不幸被租界武装巡捕和军警逮捕，于1929年8

月28日被引渡至龙华淞沪警备司令部监狱关押。

面对敌人的威迫利诱，杨殷以共产党人的凛然正气同敌人斗争，痛斥国民党反动派的反革命罪行，宣传党的政治主张。审问官对杨殷说："你是老同盟会员，曾跟国父推翻清朝，又刺杀真凶郑汝成于后，义薄云天，名震天下，是一个对国家有贡献的人。只要你现在回心转意，重归国民党队伍，蒋先生是不会亏待你的，可以安排一个高级官职给你，让你享尽荣华富贵。"而杨殷却对此嗤之以鼻，说道："你们背叛中山先生三民主义于前，屠杀工农群众于后，是一群祸国殃民、双手沾满革命群众鲜血的败类！我铮铮铁骨，岂肯与败类为伍？要我投降，万万不能！"审问官威胁道："如果你不归顺，就只有死路一条，何去何从，任你选择。"杨殷挺直腰板，毫不迟疑地回答："收起你们那一套吧，我是绝对不会投降的。我只信仰共产主义！严冬过后是春天。我坚信中国革命事业一定会胜利！"

8月30日下午，杨殷、彭湃、颜昌颐、邢士贞四名同志被秘密杀害于上海龙华。临刑前，杨殷一如往日镇定自若，笑着对狱友、士兵们说道："朝闻道，夕死可矣！"从容慷慨地唱着《国际歌》，高呼口号，英勇就义，表现了一位共产主义战士视死如归的大无畏精神和至死不渝的理想信念。

杨殷牺牲那年，年仅37岁。

2021年5月10日，中共中央军委机关旧址纪念馆正式开馆。开馆当天，参观人群中有位耄耋老人，她就是革命元勋杨殷的外孙女崔静薇。她衣着朴素，目光谦和，观展格外认真。走进这栋老房子——外祖父生前最后工作、战斗的地方，是她长久以来的夙愿。当崔奶奶看到外祖父写给母亲的信被郑重地陈列在展厅的正中间供后人瞻仰学习时，她格外动容，眼含热泪地说："这封信啊，不仅是写给我母亲的，更是写给所有青年人的……"

信中说："爱兰，照你来信看，你亦得了不少进步……你年纪已长，除读书外，各事不必沾染，打牌、闲游、看戏等尤万不可做，用钱要省，须知留得一文钱，亦可于无钱时应用，切不可为了要面子，就可多用几块钱，青年人最要不得的事情，穿衣尤须朴实，与人来往要谨慎。"字里行间饱含了父亲对女儿的深沉爱意和孜孜教诲。

作为杨殷的长女，杨爱兰一生坎坷，从不曾借烈士后人的身份向组织伸手。

她退休时国家还很困难，于是她坚决不领退休金，打工养活自己，一直工作到79岁高龄。崔静薇在外祖父和母亲精神的感召下，她说："国家需要就是我们的理想。"20岁的她在边疆急需人才之际毅然奔赴，一待就是37年。

杨殷烈士家族三代人的故事告诉我们，一个有希望的民族不能没有英雄，一个有前途的国家不能没有先锋。

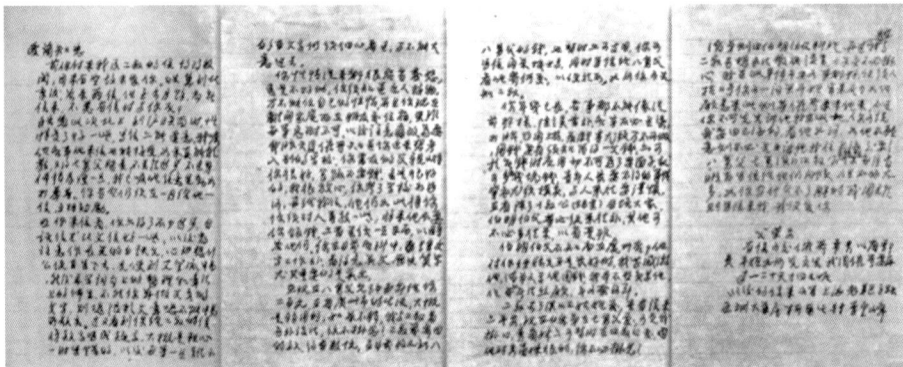

/ 杨殷写给女儿的信

彭湃：28个字的诀别信

"冰妹：

从此永别，望妹努力前进，兄谢你的爱！万望保重，余言不尽。

——你爱湃"

这是一位丈夫在生命的最后时刻写给妻子的信，诀别的话语千千万万，却因身陷囹圄而道不清也道不尽，最后凝结成了这短短的28个字。

信的作者是谁？他是大地主家的四少爷，却成了领导农民运动的革命者；他的家中良田广布，有着"鸦飞不过的田产"，却一把火烧光了自己的田契；他的家乡人称他为彭菩萨，毛泽东则称他为"农民运动大王"。他就是彭湃，中国共产党早期农民运动领袖之一。1927年10月，他在广东海陆丰地区领导起义，建立了中国首个农村苏维埃政权。他撰写的《海丰农民运动》一书是从事农民运动者的必读书。

/ 彭湃与许冰的合照   / 彭湃在狱中致妻子的诀别信

很难想象，这位一心想着农民的革命家却来自殷实的地主家庭。曾几何时，他家中有"鸦飞不过的田产"，而他将理想投入实践的第一步就是把自己从有产者变成无产者。他脱下西装革履，穿上草鞋布衣，将自己分得的田契挨家挨户送还佃户，佃户们不敢要，他竟将田契当众烧毁并宣布："耕者有其田才公平，日后你们自耕自食，一升一谷都不必给我。"

/ 彭湃

1928年底，彭湃奉中央命令来到上海，出任中共中央农委书记兼江苏省委军委书记。1929年8月24日下午4时许，军委成员在新闸路613弄1015号召开会议，因秘书白鑫叛变出卖，租界巡捕破门而入。事发突然，与会者无法撤离，杨、彭、颜、邢、张等五人当场被捕。

由于叛徒指认，身份暴露，彭湃决定在被审问时开展公开斗争。他慷慨陈词，痛斥反动派的罪行，铿锵有力的话语说得敌人瞠目结舌，如坐针毡，不得不打断道："彭湃，这里是警察局，不是你的表功大会！"

1929年8月30日，彭湃等人英勇就义。在他被捕后，自知敌人将对他下毒手，便给当时住在上海大西路（今延安西路）的妻子，也是他并肩作战的战友许冰留下了一封深情的绝笔信。他在信中勉励许冰继承其遗愿，为党的事业继续努力前行。信短情深，字字千钧，体现了一个共产主义战士视死如归的革命精神。

彭湃的牺牲给妻子许冰带来巨大的悲恸。但许冰深知敌人不会因自己的痛苦而消失，她擦干眼泪，把刚刚出生的孩子送往大同幼稚园，自己回到广东大南山继续投身革命斗争。爱人彭湃的声音仿佛就在她的耳边，声声嘱托：为革命事业，贡献我们的一切，努力前进吧！ 1933年，由于叛徒告密，许冰在召开群众大会时被捕。反动当局企图利用她和彭湃的威望来诱骗红军投降。她意志坚定："我生为红军人，死为红军鬼，决不贪生受辱！"随后，这位26岁的巾帼英雄，也追随丈夫的遗志，带着对共产主义的美好向往离开了人间……

彭湃，正像他的名字一样，像汹涌澎湃的巨浪冲刷着黑暗社会的污泥浊水。风雨百年，澎湃的革命血脉始终在涌动，指引我们在前行中实践信仰。

颜昌颐：热血谱春秋

"国步日艰难，生民似倒悬。青年应有责，破旧换新天。"这是青年颜昌颐写下的铿锵誓言。出生书香世家的他，从小就立志"苦读书，长大以后成为有用之人"。

/ 颜昌颐　　　　/ 颜昌颐诗

1919年12月，颜昌颐怀揣着救国救民的理想，与一批有志青年赴法勤工俭学，在法期间，颜昌颐饱尝半工半读之苦，每天吃的是土豆，住的是帐篷，睡的是地铺，做小工，搞搬运，什么脏活苦活都干，但他仍常常在工作闲暇之余挤出时间刻苦阅读马克思主义和俄国十月革命的书籍，后因参加学生斗争于1921年底被遣送回国。

回国后，经邓中夏等人介绍，颜昌颐于1922年底加入中国共产党。1924年9月，颜昌颐等人受上海党组织的派遣，前往苏联莫斯科东方大学学习。1925年9月，颜昌颐回到上海，参与筹组中央军事部的工作。

1926年3月，颜昌颐受中央军委派遣，回到湖南任湖南区委军事部部长。湖南是颜昌颐的家乡，在湖南工作期间，颜昌颐一心为了军事部的相关事宜忙碌，身在湖南，却抽不出时间回家一趟，只能委托好友去看望自己父母。

1926年10月，颜昌颐被调回中央，协助周恩来组织上海工人三次武装起义，在总结了前两次起义失败的经验教训后，上海工人第三次武装起义最终取得胜利。

1927年，中共中央在南昌举行武装起义，颜昌颐在驻军中负责发动和策应起义的指挥工作。南昌起义后，颜昌颐、董朗率二十四师余部南下粤东，艰难转战于广东地区。途中，颜昌颐发现战士们的情绪有所消沉，他因人制宜，及时进行人员整顿，并创办了《布尔塞维克》和《红旗周报》等军队周刊，开办东江党校，训练党的干部。

1927年11月，在彭湃等人的领导下，我国第一个工农民主政权——海陆丰工农苏维埃政权成立。海陆丰苏维埃政权的创建和发展引起了国民党军阀的极大忌惮，1928年2月，他们集结重兵发动了对海陆丰根据地的大规模"围剿"，面对敌人的猖狂进攻，颜昌颐率领红二师和海陆丰工农武装多次反攻，在交战中，颜昌颐不顾个人安危与敌激战，臀部、大腿多处受伤，被送入朝面山红军医院治疗。他虽负伤不能再指挥作战，但他仍心系前线，积极开展革命工作。7月中旬，颜昌颐因伤痛病发，缺医少药，只好服从中共广东省委的命令离开东江，前往香港治病。

到达香港后，由于广东省委机关地址变迁，颜昌颐与党组织失去了联系，被迫潜入香港难民收容所栖身。1928年11月，他带着满身伤痛辗转到达上海。此时的颜昌颐，伤病愈发严重，身体极度憔悴。在上海，他走街串巷，历经千辛万苦才与中共中央取得了联系。大病初愈后，颜昌颐被中央任命为中央军委委员兼江苏省军委秘书，具体负责军事科工作。

1929年8月，因彭湃离开江苏省委调回中央局工作，江苏军委的工作需移交给颜昌颐，中央决定组织相关人员开会讨论工作事宜。1929年8月24日下午4时，由于中央军委秘书白鑫叛变告密，中共中央军委的这次秘密会议被敌人发现，参会人员均遭逮捕。

杨殷、彭湃、颜昌颐、邢士贞四人于8月28日被转解到龙华淞沪警备司令部监狱关押。在关押审讯期间，当审讯者严词厉色地拷问颜昌颐其参加革命的历史时，他一口咬定自己是来沪谋生的，名叫安菊生。面对死亡威胁，颜昌颐对看押的士兵说："只要我还有一口气，我就要为共产主义事业奋斗到底，为了我们的子子孙孙争得幸福的生活，就是献出了自己的生命也在所不惜。"在狱中他们利用各种机会不断向在狱群众和国民党士兵宣传革命真理，抨击时弊，当说到激昂处，便齐唱《国际歌》。

牺牲前，颜昌颐在给父母的最后一封信中写道："儿早已许身社会，奔走南北，前途多荆棘，全力为社会，一心报国家难顾个人与家庭。"表达了自己献身社会、报效国家的决心。

1929年8月30日，年仅31岁的颜昌颐和杨殷、彭湃、邢士贞在龙华警备司令部内被敌人秘密杀害。颜昌颐这位忠诚的共产主义战士，短暂的生命如同灿烂的火花照亮了旧中国灰暗的天空。他的一生是短暂而又不平凡的革命的一生，他坚强的革命斗志、无畏的革命精神将被永远铭记。

邢士贞：只有革命一条路

/ 邢士贞

邢家要是中央军委军事部兵士科科长邢士贞出生和生活过的地方。1903年，邢士贞出生于山西汾西县邢家要村的一个农民家庭。邢士贞的父亲邢彦堂，一生务农，有五个儿子，邢士贞排行第二。

1914年，11岁的邢士贞离开家乡到县城读书。在求学期间，邢士贞经常阅读《向导》《新青年》等进步刊物，并结识了太原平民中学学生共产党员范豪以及当时在山西省立国民师范读书的学生王世英等进步青年，他们经常一起议论时事，抨击时弊，追求进步，向往美好的未来。

1925年"五卅惨案"发生后，邢士贞与范豪等同学，利用暑假返回汾西，发动学生运动。1925年7月，在外读书的邢士贞和范豪、王奋山等回到汾西，号召汾西县各界同胞团结起来，举行罢课示威活动。邢士贞带领师生同胞们环绕汾西县城东西南北各街进行了游行示威。沿途师生振臂高呼："打倒帝国主义！""打倒列强！""打倒军阀！""反对贪官污吏！""取消一切不平等条约！""收回租借地！"会后，在汾西县城北街一院内成立了"汾西县农民协会"。1927年7月，因汾西县当局通缉邢士贞、范豪、王奋山等进步青年，邢士贞被迫离开汾西。

1927年4月，中共中央机关从上海迁到武汉。同年，邢士贞经王世英介绍加入了中国共产党。1928年夏，邢士贞被分配到中共江苏省委军事科工作，按党组织指示，他开始同中共吴淞军委建立关系，从此，邢士贞就以上海吴淞为基地，深入开展兵运工作。1929年1月，中央政治局决定设立中央军事委员会，邢士贞被任命为中央军委兵士科科长。

1929年8月24日，由于叛徒白鑫的出卖，邢士贞和杨殷、彭湃、颜昌颐等同志被捕，于1929年8月30日在上海龙华淞沪警备司令部英勇就义，牺牲时年仅26岁。

在邢士贞烈士短暂的一生中，革命足迹涉及晋、豫、皖、鄂、苏、沪等省市。他为了中华民族的解放事业，为了实现中国共产党人的革命理想而献出了宝贵的生命。他"以身许党，不辞辛劳忙奔走"的革命精神和"即使前途多荆棘，依然一心报国家"的使命感永垂不朽。

于 无 声 处 听 惊 雷

陈荪毓　倪　娜　赵晨雯　杨　闽

引 言

探寻老房子的前世今生

1926年7月，中共中央秘书处在上海正式成立。作为中共中央办公厅的前身，中共中央秘书处曾经是为党中央服务最直接、联系各方最广泛、保障中央工作最关键、在各机构运转中最核心的综合办事机构，具有特殊的地位和重要作用。

位于江宁路673弄10号的中共中央秘书处机关旧址是1930年至1931年6月中共中央秘书处机关的秘密办公场所。这栋房屋当年位于戈登路上的文余里，始建于20世纪20年代。1931年初，中共中央秘书处工作人员张纪恩化名黄寄慈，租下此处，对外称自己是"小开"，来上海居住及求学。当时有很多同志在这里阅览文件，阅览的次数多了，为免惹人怀疑，张纪恩当起了二房东，对外登报招租，实际上来租房的都是我们自己的同志。张纪恩与妻子张越霞（化名"黄张氏"）住楼下，楼上厢房则供中共中央领导阅文、起草文件和开会之用。

从事党的秘书工作最重要的品质是忠诚。曾经担任中共中央秘书长的邓小平说："忠诚，就是忠实于党的事业，忠实于人民的事业。"从大革命失败至1933年初中共中央迁往中央苏区，前后5年多的时间里，在白色恐怖严重的上海，中共中央秘书处在周恩来、邓小平等的领导下，不畏艰险，英勇斗争。无论是在强敌环伺的交通站点上还是在用生命守护的中央文库里，无论是在上情下达还是下情上达的过程中，无论是对中央领导机关的保障服务还是机关日常事务的不同方面，都涌现出许多党的秘书工作战线的忠诚卫士。

上海市静安区武定路930弄14号——一幢建于1930年的新式里弄住宅，当年的门牌号码为修德坊6号，砖木结构，清水红砖墙，红瓦屋顶，高两层，顶部有阁楼，全幢建筑面积为290平方米。这里曾是中央特科机关所在地。

/ 中共中央秘书处机关旧址纪念馆

1927年大革命失败后，面对白色恐怖，中国共产党第一个比较成熟的情报保卫专门机构——中央特科在上海应运而生。中央特科由周恩来亲自筹建和实际负责，后由陈云、聂荣臻、陈赓、潘汉年等人领导。党中央在上海期间，中央特科在隐蔽战线上开展了大量卓有成效的工作，肩负起"保卫中央机关和党组织的安全，建立秘密机关，开展掩护工作，搜集获取情报，镇压叛徒、内奸，营救被捕领导人，建立秘密电台，发展无线电通讯联络"等重任。

中央特科建立了严格的工作制度，训练培养了一批精干人员，选派忠勇同志打入国民党机关，战斗在敌人心脏，在千钧一发之际力挽危局，避免了党的重大损失；研制出中国共产党第一部无线电收发报机，从此有了永不消逝的电波；按照党的要求惩叛锄奸，伸张了革命正义；承担了繁重的总务后勤工作，掩护、保障了中央机关的生存运作。特科同志们不怕牺牲、英勇斗争、无私奉献的精神为党的情报保卫工作留下了宝贵的历史财富。

黄浦江畔，一段"红色堡垒"的传奇由此开启……

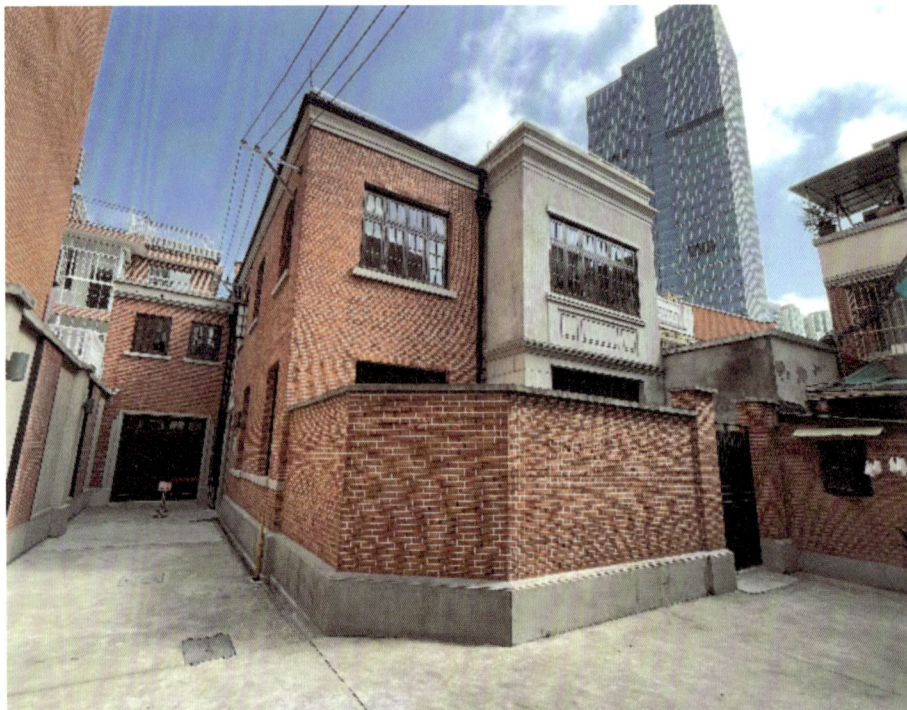

/ 中央特科机关旧址纪念馆

文 余 里

党的秘密工作总枢纽

"党内机要工作的总汇"——中共中央秘书处成立

中共四大召开后，革命形势迅速发展，中央领导机构逐渐健全。中央机关日常工作日益繁重，中共中央考虑建立秘书工作专门机构。1926年7月，中共中央秘书处在上海正式成立，王若飞为第一任秘书长。

1927年大革命失败后，中共中央及各机关遭到严重破坏，党的秘书工作机构也一度陷于瘫痪。八七会议后，中央秘书处在周恩来、邓小平等领导下，在上海白色恐怖的艰难环境中进行了近六年的坚守。那时，周恩来和邓小平几乎天天到中央秘书处办公，中央各部和各地区的同志也经常到此请示工作。凡属机关事务性的问题都由邓小平处理，政策性的问题由周恩来处理。两人工作相互配合，密不可分。鉴于以往党组织遭受严重破坏的教训，为在国民党统治区做好工作，中共中央建立起一套秘密制度。按照周恩来的要求，机关人员实行家庭化，有男有女，机关工作人员有社会职业作为掩护。同时，为保护党的机密和安全，要求党的各级组织在行文中使用暗语和代称。比如，中共中央组织部叫"钟祖之（祖之）"，中共中央宣传部叫"傅光"，中央秘书厅叫"毕挺"等。

中央秘书处根据"一切工作政治化、一切工作集体化、一切工作科学化、一切工作带着督促性、一切工作要有中心"的五个"一切"的工作新要求，逐步发展成为中央常委工作的执行机关、机要工作的总汇、上下联系的枢纽。1928年7月20日，中共中央政治局召开会议，决定在中央常务委员会下设秘书处，秘书处下设文书科、会计科、翻译科、内埠交通科、外埠交通科、调查研究室等机构。1930年1月28日制定的《秘书处的组织及工作报告大纲》指出："中央秘书处工作是党内机要工作的总汇。"

毛毛在《我的父亲邓小平》一书中提到，1927年中共中央秘书处"还有一个中央负责同志看文件的地方，文件一到，秘书长首要先去看"。这个"看文件的地方"指的正是静安区江宁路（原戈登路）673弄10号。中共中央从武汉迁回上海后，鉴于之前由个人携带、保管文件的方式既不安全，且各部委、各地每日呈报中央文件数量大幅上升，在周恩来的建议下，中共中央秘书处租下此处，专供中央领导阅办文件和召开中央政治局会议，并规定个人不许携带文件回家。

一开始，出面租下江宁路673弄10号的是中央秘书处文书科科长张唯一。1931年初，中央秘书处工作人员张纪恩化名"黄寄慈"以其父名义继续租下江宁路673弄10号，对外自称"小开"来沪求学。他与妻子张越霞（化名"黄张氏"）住楼下。这里还居住过苏才、仇爱珍（又名周秀清）等人，她们分别以黄家亲戚、佣人的名义作掩护。楼上厢房则供中共中央领导阅文、起草文件和开会之用。为防巡捕搜查，房间布置成单人间，生活用具等一应俱全，对外则称登报招租给不相识之人。当时，此处还承担了中央秘书处文电收分发、药水密写、刻蜡板、油印等工作。

1931年6月22日，中共中央政治局主席和中央政治局常务委员会主席向忠发被捕，6月23日，中央阅文处即被公共租界巡捕房查抄，张纪恩夫妇当场被捕。

/ 黄玠然（中）、张纪恩（左）

幸运的是，前一日中央已派人运走了存放在楼上厢房的两大木箱文件，巡捕除搜到共产国际文件、王明的手稿各一份外，一无所获。张纪恩后以"窝藏赤匪、隐而不报"罪名获刑5年。

张唯一：开展秘密工作"很注意群众化"

张唯一是中共中央秘书处文书科首任科长，长期在上海开展秘密工作，同时他也是中央文库的第一任保管人。他后来被捕，在狱中受尽酷刑，但他始终未透露一个字，为保护党的"一号机密"做出了不可磨灭的贡献。

1928年5月31日，中共中央机关报《校刊》上发表了《秘密工作常识》。这份文件从各个层面对党在敌占区的保密工作作了细致的要求。比如，在机关找房子时，规定：一是，机关的房子不能租在大街显眼处，最好要转多个弯才到驻处；二是，于邻居要有砖墙或石墙相隔，在屋里办事，外人不得看到、说话不得听到；三是，房子要有后门能够方便紧急撤离。而戈登路这栋小楼就符合这些保密条件。

/ 张唯一

张唯一平时不仅工作细心而且很注意群众化。有一次，中央秘书处工作人员张纪恩搬家，张唯一便嘱他与群众选择黄道吉日作乔迁之喜一样，去弄堂口拆字摊拆个字。

张唯一在上海住的地方从未发生过问题，和邻居关系一直处得很好。他在任何情况下都是从容不迫、镇定自若、临危不惧，所以当时虽只有三四十岁，大家已经给他起了个"老太爷"的雅号，这是有双关意义的。

黄玠然曾在文章里这样回忆张唯一："当时文书科有个同志叫张唯一，他把文书工作常常和内、外交通工作结合起来想，就是经常想到文书工作怎样给内交、外交通工作提供方便，不易出问题。他不仅知道文件是怎样进来，而且还研究文件怎样妥善地带出去。文件多大多小对交通有利，什么方法不易被敌人发觉，等等，都加以设想。内、外交通能较顺利地完成任条，文书科是起了很大作用的。我经常看到张唯一同志对一顶帽子、一双鞋子都拿来研究研究，看看能帮助内交、外交解决些什么问题。有的文件印得很小，可以装在钢笔帽里；把文件用药水写在书上、衬衫上，都是他和文书科同志想出来的。我从张唯一同志身上，深深感到，一个部门对于各部门的工作，都能够互相协助、互相配合、保持整体观念，是一个很重要的问题。"

在新中国成立之前，像很多隐蔽战线的工作者一样，张唯一没有留下过一张照片。这是因为，根据党的《秘密工作常识》中的规定，凡同志一律不便在照相馆拍照，更不许在照片上签字留念，以免被敌人侦探认出，这也是我们现在很难找到毛泽东、周恩来、瞿秋白等在上海工作时的照片的原因之一。

/ 江宁路673弄10号内景

邓小平：中央机关的"红色管家"

1927年大革命失败后，中共中央及各机关陆续迁回上海。1928年至1929年的一年间，邓小平在上海担任中央事务秘书长。中央秘书处在邓小平的领导下经历了党的许多重大事件，经受了各种考验，在白色恐怖的险恶环境中出色地完成了党中央交给的任务，积累各方面的工作经验，培养了严谨细致的工作作风。黄玠然回忆："我感觉邓小平说话不多，处理问题很果断，对同志的态度很诚恳，大家对他印象很好。"

邓小平曾经回忆说，他们在上海秘密工作，非常艰苦，那是"吊起脑袋在干革命"。他们没有照过相，连电影院也没有去过。他在军队那么多年没有负过伤，地下工作没有被捕过，这种情况是很少有的。但是危险经过好几次，最大的危险有两次。一次是何家兴叛变，出卖罗亦农。邓小平去和罗亦农接头，办完事，他刚从后门出去，前门巡捕就进来，罗亦农被捕。他出门后看见前门特科一个扮成擦鞋子的用手悄悄一指，就知道出事了，就差不到一分钟的时间。后来罗亦

/ 罗亦农在望德里被捕

农英勇就义。还有一次，他同周总理、邓大姐、张锡瑗住在一个房子里。那时特科的工作好，得知巡捕发现了周恩来住的地方，要来搜查，就通知了周恩来，当时在家的同志就赶紧撤了，但邓小平当时不在，没有接到通知，不晓得。里面巡捕正在搜查时，邓小平去敲门，幸好特科有个内线在里面，答应了一声要来开门。邓小平一听声音不对，赶快就走，没有出事故。以后半年的时间，他们连那个弄堂都不敢走。这是邓小平遇到的最大的两次危险。"那个时候很危险呀！半分钟都差不得！"

当时，每隔几天就要召开一次中央政治局常委会或中央政治局会议，邓小平负责安排会议议程以及时间、地点、出席人员，列出每次会议的议题等，还要对会议决定的事项逐一检查。这个时期的邓小平，是党中央机关名副其实的"红色管家"。

熊瑾玎：中央机关的好"管家"

1928年夏至1931年4月，上海云南路447号（今云南中路171—173号）生黎医院楼上的三间房间曾经挂出"福兴"商号的招牌，对外声称经营湖南纱布。其实，这里是中共中央政治局机关办公地，周恩来、邓小平经常来这里开会。这里

/ 中共六大以后党中央政治局机关旧址

/ 熊瑾玎和朱端绶

也是中共中央秘书处会计科科长熊瑾玎的办公地点。

熊瑾玎，湖南省长沙市人，1927年加入中国共产党，由周恩来安排从武汉到上海参加建立党中央机关的秘密工作，被任命为中共中央秘书处会计科科长，负责中央机关的经费筹措和政治局秘密机关的安全和经营。

来到上海后，熊瑾玎用自己带来的资金迅速开展经营。他首先租下了天蟾舞台旁边的一栋小楼房。这里看似不起眼，却暗藏玄机。熊瑾玎利用以前与各地来往的业务开办了福兴商号，却在二楼上布置了政治局秘密办公会议机关，中央政治局机关就设在此处。其中一间屋内还有条暗道可以通向天蟾舞台，暗道可以成为紧急撤离通道。楼下看戏的观众和商号往来的客户恰好能为机关人员进出形成天然掩护。就在当时最繁华的上海，中共领导人在熊瑾玎的严密掩护下频繁会晤，重要指示和重要机密文件源源不断地从这里传出。

同时根据周恩来的指示，熊瑾玎负责几个极为机密地点和人员的联系，提供经费和生活用度。其中包括中央文库的经费和贺龙家属等一批人的亲属生活费用。在数年间的每个月，熊瑾玎都亲自负责上门送钱，甚至连1925年入党、被组织派来协助工作的朱端绶

（后来成为熊瑾玎妻子）都不清楚这些地点。由熊、朱夫妇管理的政治局秘密机关直到1931年顾顺章叛变都没有被反动派破获，其他几个由熊瑾玎掌管的秘密机关也安然无恙。

从1928年春来到上海以后的几年间，熊瑾玎多方协助周恩来，不仅为中央机关工作提供了经费，还掌管中央交通工作，负责与中央其他机关联系，不愧为中央机关的好管家。

余泽鸿："秘密工作上的一点一滴都不是枝节问题"

1978年1月6日，时任全国人大常委会副委员长、中央委员会副主席的陈云同志在给长宁县的信中写道："1931年顾顺章叛变后，上海临时中央讨论过余泽鸿同志的工作问题，决定余泽鸿同志去中央苏区。"1931年年底，周恩来也转移到中央苏区，担任了中共苏区中央局书记、红一方面军总政治委员。作为中央和军委核心领导人之一的周恩来，对曾与自己在上海一起工作了四年之久的余泽鸿倍感信任。

余泽鸿在中央苏区首先担任中央局秘书长。他自己也曾多次强调："秘密工作上的一点一滴都不是枝节问题。"

/ 余泽鸿

那余泽鸿是怎样一个人？在上海的四年中，他又是如何协助周恩来工作的呢？

余泽鸿（1902—1935），四川省长宁县人，1923年在川南师范学校加入中国社会主义青年团，1925年在上海大学加入中国共产党，曾任上海学联党团书记，"四一二"反革命政变后转武汉，任中共中央组织部秘书。

1929年初，余泽鸿、吴静煮夫妇均在上海中央机关工作，不久即调到中共中央秘书处。1929年2月，中共中央秘密工作委员会成立，由周恩来、向忠发、余泽鸿组成。同年7月，邓小平调广西工作，余泽鸿接任中共中央事务秘书长，负责处理中央机关日常事务，亲自起草中央下发的文件、通知，与各省接洽等事宜。

余泽鸿对秘书处工作十分认真负责，处处严格要求自己。在他的任期中，中央秘书处逐渐发展成为党中央工作，尤其是常委工作的执行机关。1929年3月28日印发的《中共中央秘密工作委员会关于秘密技术工作的规定》，由周恩来、邓小平、余泽鸿签发，文件上注有"冠平晓"字样。"冠"为周恩来代号，"平"为邓小平代号，"晓"为余泽鸿代号。

同年10月，余泽鸿就中央秘书处过去工作中的缺点和最近工作计划以书面形式印发各省委，要求各省委秘书部门讨论后参照制订各省工作计划。1930年1月28日，余泽鸿主持制订《中央秘书处的组织及其工作任务》。同年10月，余泽鸿又主持召开中央秘书处科长联席会议，并在会上要求大家明白技术与政治不可分离。

为了革命事业，他只能顾全大局，和自己的孩子分开，可这一别就成了永诀。1931年，顾顺章和向忠发相继叛变后，由于余泽鸿接触面广，认识的人多，中央决定余泽鸿、吴静焘夫妇转移中央苏区。临行前，他们把年仅两岁的女儿渺渺（名余怀）和才几个月的儿子余蜀江寄养在吴静焘江苏武进的父母家。

1931年11月，余泽鸿进入中央苏区，协助邓小平在瑞金工作。1934年10月，余泽鸿参加长征，任中央直属纵队干部团政治科科长。长征途中，1935年2月，中央决定余泽鸿等人留在川南创建革命根据地，掩护红军主力转移。同年12月，余泽鸿等率领的川滇黔游击纵队在四川江安县遭重兵包围，余泽鸿在战斗中不幸牺牲，年仅33岁。

瞿秋白：制订了中国共产党最早的档案文件管理规定

1931年2月，周恩来在中央秘书处阅看文件，见秘书处所在楼上堆积了许多党中央的历史文件，觉得这样堆放很不安全，就对该处负责人说："这些文件很珍贵，但要认真分类清理，要分条缕析。"周恩来还对秘书处负责人黄玠然说："可请阿秋提出几条整理文件的办法。""阿秋"即瞿秋白。

1899年1月29日，瞿秋白出生在江苏常州，1922年5月加入中国共产党。1922年12月21日，受陈独秀邀请，瞿秋

/ 瞿秋白

白离开莫斯科，启程回国工作，1923年1月13日到北京。回国后，瞿秋白到上海大学担任教务长兼社会学系主任，同时在中共党内兼管中共宣传工作，发表了大量政论文章，为党的思想理论建设做出了开创性贡献。1923年6月15日，《新青年》季刊创刊号首次发表了他译配的中文版《国际歌》，法文的"国际"一词采用音译"英德纳雄纳尔"，一直沿用到今天。1935年，瞿秋白被囚于福建长汀监狱，面对屠刀，备受屈辱，自知来日无多，遂写下"信是明年春再来，应有香如故"以自遣。从书生到领袖，瞿秋白的一生短暂又辉煌。

在中央秘书处的请求下，瞿秋白很快便草拟了《文件处置办法》。《文件处置办法》共7条，规定了档案分类整理、编目、留存、销毁的原则与方法及资料的收集、保管等要求。周恩来对此很满意并亲笔批示："试办下，看可否便当。"在《文件处置办法》末尾，瞿秋白特地写了一条总注："如可能，当然最理想的是每种（指保存的文件——引者注）二份，一份存阅（备调阅，即归还），一份入库，备交将来（我们天下）之党史委员会。"瞿秋白特别在"将来"两字旁打了着重圈点。

这是中共最早的关于档案文件管理的规定，对党的历史档案、文献的保管发挥了极为重要的作用。当时的瞿秋白未担任具体职务，但他仍欣然受命。他起草的这个规定里，字里行间充满着对共产主义必将实现的坚定信仰和殷切期盼。

陈为人：愿与文库共存亡

1931年1月的一个傍晚，上海下起了大雪，一位穿着考究、气度不凡的男子在夜色中敲响了一家湘绣店的门。这名男子就是周恩来，他此次冒险前来，只为找一个人——这家湘绣店铺的老板、秘密联络点的同志陈为人。

那一年，中共中央在上海的活动步履维艰，离开上海、秘密转移已经迫在眉睫。可是，党中央2万多份绝密文件，装了整整20个皮箱，要从敌人的眼皮子底下运出去，谈何容易。建立一个秘密文库，成了党中央唯一的选择。听完周恩来的讲述，陈为人坚定地点了点头。看着陈为人瘦削

/ 陈为人

/ 韩慧英

而坚毅的面庞，周恩来的眼眶湿润了，他紧紧地握住陈为人的手："担子很重……你多保重！"

从此，陈为人和妻子韩慧英成了最孤独的人。夫妇俩离群索居，不参加党的会议，不参加任何公开活动，不轻易与人结交。白天，陈为人是湘绣店老板；晚上，他反锁门窗，遮严光亮，通宵达旦地在小阁楼里将一份份文件整理分类，守护着党的最高机密。为了便于秘藏、转移文件，陈为人把所有文件用小字誊抄在薄纸上，剪掉边缘空白部分，分类归档。陈为人的桌旁搁着一个火炉子，里头常年留火不灭，一旦文库有危险，就放火烧楼。一家人宁愿与文件俱毁，也决不让一张纸片落到敌人手里。

1935年2月，韩慧英出门送文件时不幸被捕，陈为人立即转移。从此，他与党组织彻底断了联系，独自一人担负起保卫中央文库的责任。这是陈为人最艰难的一段时光：找不到组织，没有经费来源，三个年幼的孩子常常饿得大哭，而他能做的也只能是在夜深人静的时候拖着病体去捡一些红薯来应付自己和孩子们的一日三餐。此时的陈为人染上了严重的肺病，经常大口大口地吐着鲜血，没钱治病的他只能切一片白萝卜含在嘴里。

1936年秋天，当陈为人终于和党组织取得联系，并按照规定送完最后一箱文件后，一回家就大口吐血不止。组织上表示要不惜一切代价保住陈为人的生命，但陈为人却坚决不让。直至生命的最后一刻，他还紧握双拳，圆睁双眼，对刚出狱不久的妻子喃喃说道："你不要怕，我不要紧……我不死，我还要工作……"那一年，他38岁。他的一生就像他在入党誓言中所说的："不奋斗牺牲，何以战胜黑暗社会？此后惟愿以苦为乐，若因困难私退，不待他人谴责，则自当愧死矣。"

陈为人因病去世后，组织上决定由刘钊

/ 合兴坊旧照

来保管文库，地址就选在康脑脱路（今康定路）生生里这幢石库门的阁楼上。不久，刘钊又奉命调往苏北工作，临行前吴成方要刘钊物色接替人员，刘钊就提议为人淳朴、办事沉稳的缪谷稔。

缪谷稔，江苏江阴人，是一位长期从事中共地下情报工作的无名英雄。吴成方，湖南新化人，一直是上海地下党情报系统的负责人之一。1940年秋，他们二人接头后交代了新的秘密任务：组织决定，将上海地下党情报系统掌握的中央"秘密文库"交由缪谷稔专职负责守护、管理。原来，这个"秘密文库"是党中央1933年从上海撤往苏区时留下的，已经过多任保管者的默默守护。

吴成方临别前拉住缪谷稔的手，低声告诉他："今后我俩之间的联系，由你的'老搭档'小郑（郑文道）担任。"缪谷稔听说由他的战友郑文道负责联络，立即表示同意。最后，吴成方指着阁楼壁角的四只大皮箱，语重心长地说："老缪，这里面的两万余份中央文件，是党的珍宝，我们共产党人要像爱护自己的生命那样爱护它、保护它！"平时处事低调、沉默寡言的缪谷稔连连点头，答道："老吴同志，请你放心，我一定将它卫护好！"

/ 缪谷稔　　　　　/ 吴成方

就从这天起，缪谷稔开始了秘密战线上一场新的战斗——用生命和鲜血去卫护中央"秘密文库"。自此，身穿长衫的缪谷稔每天夹着包袱，以账房先生的模样，去生生里那幢石库门"上班"，实际则是在三层阁楼里翻检、整理那一箱箱的文件。

有一天，吴成方突然找到缪谷稔。他进屋就低声向缪谷稔说："小郑被日本宪兵队抓去了，昨天受过刑，他是我俩之间的交通员，知道中央'秘密文库'的事！"吴成方瞄了瞄坐在外面凉台上望风的老缪妻子，又说："从安全着想，'文库'一定得赶快搬迁！"缪谷稔沉默不语，没有立即接话。他脑海里迅速浮现出郑文道英俊坚毅的形象。1938年9月，小郑奉命回上海从事党的秘密工作，直至这次被捕……想到这里，缪谷稔向吴成方说："将文库搬迁到更安全的地方，我完全同意。但是，小郑这个人我了解，他对党忠诚坚贞，应该不会出事！"没几天，地下联络站派人告诉缪谷稔：郑文道同志被捕后，为了不泄露机密，跳楼身亡，用生命和鲜血保守了党的机密。缪谷稔听了连声说："我们保管中央'秘密文库'的人，把党的机密视同生命，至死卫护，绝不能出问题！"

1942年7月，缪谷稔卧床不起，病情日趋严重。上海地下党组织决定把保管中央"秘密文库"的任务转交给同是情报系统的青年党员陈来生。缪谷稔接到指令后，支撑着病弱的身体，在家人的协助下，一连几天将文件重新进行整理、包装。1943年夏，缪谷稔因病返回江阴申港老家休养，1944年10月10日因病情恶化，与世长辞，年仅39岁。

1942年7月，陈来生成为"秘密文库"的最后一任管理者。

此时的上海已在日本政权控制下，变成了一座"孤岛"。

陈来生接受任务后，第一项工作就是转移文件。为了中央文库能够安全完成转移，陈来生不仅发动全家人假装搬家，还提前在租赁的阁楼周边做了周全的准备。

当时，日伪宪兵、特务、巡警遍布街头，即便是短短两公里的路程，要想安全通过也并非易事。经过仔细观察后，陈来生装扮成邮差的模样，组织父亲、弟弟等全家五口人出动。当时，缪谷稔提前把文件用布一捆一捆地包好，陈来生和他的家人以"蚂蚁搬家"的方式，秘密将文库档案搬至以其妻弟的名义租住的新闸路944弄庚庆里过街阁楼。

/ 陈来生

虽然搬运任务顺利完成，但在转移过程中的一个小插曲让陈来生一直感到不安。在搬运文件时，有一个人旁敲侧击地询问："你们家先生在做生意啊？"为了确保中央文库的安全，陈来生果断决定再次转移，改租下成都北路972弄3号楼公寓底层的西厢房，专门保存文件，并在此开了一家"向荣面坊"，以卖面粉、切面作掩护。他将厢房隔成两层，下层住人，上层钉一道木板墙，形成两壁夹墙，文件安全放于夹墙内。

上海解放后，陈来生将中央文库的全部文件捆成104包，装入16只大纸箱，亲自送到中共上海市委组织部，转交华东局办公厅。1949年9月4日，一辆装满了包裹的车子停在了上海市委组织部的门口。市委组织部清点了全部文件，并开具接收证明信，证明所有文件资料"未受到霉烂、虫蛀、鼠咬等半点损伤"。9月17日，华东局办公厅发电报给中共中央办公厅报告中央文库的事。9月18日，华东局办公厅收到毛泽东、刘少奇、周恩来、朱德批阅签发的电报："大批党的历史文件，十分宝贵，请你处即指定几个可靠同志，负责清理登记，装箱，并派专人护送，全部送来北平中央秘书处，对保存文件有功的人员，请你处先予奖励。"电报中"有功的人员"（原文是"有功的同志"）是毛泽东亲自修改过的，意即对保护中央文库有功的同志、朋友、家属，都应该表彰和奖励。10月4日，上海市委公开发表嘉奖信，表彰陈来生保管中央文库的事迹。1950年2月，华东局再次清点登记、装箱，将中央文库的全部文件运送至北京，至今完好存放于中央档案馆。

从1927年到1949年上海解放，在长达20多年的动荡岁月和战火硝烟中，十余位党员接力守护着党的"一号机密"，三人为之付出了生命。这是共产党人忠于使命的接力，是生命和鲜血铸就的信念丰碑。

交通线就是生命线

从1925年中共四大开始，党内已经注意地下交通工作。到1926年的时候，随着大革命的兴起，党内开始把地下交通提到一个更高的地位。原来是中央组织部负责地下交通工作，后来由中央秘书长直接管理地下交通工作，而且在中央秘书处下设交通科。

白色恐怖时期，交通线就是党的生命线。1927年8月7日，中共中央在汉口召开紧急会议，毛泽东特别就交通问题发表了重要意见，指出"交通问题是一贯的问题，不单是中央与省的交通问题，应在全国组成交通网"。"应在全国组成交通网"就是毛泽东提出的。

/ 张宝泉

8月21日，中共中央发出第三号《通告》，指示建立中央交通处，构建全国交通网。

1926年7月，张宝泉任中共中央秘书处交通科科长。1927年秋，党中央迁回上海后，很快就在中央秘书处成立内交科、外交科，张宝泉即任中央秘书处内埠交通科科长。

出身在富裕家庭的张宝泉，中学时期就阅读了大量马克思主义的进步书刊，受俄国十月革命的影响，他对共产主义充满向往。1924年，23岁的张宝泉在天津南开大学读书期间正式加入中国共产党，随后被党组织派往莫斯科东方劳动者共产主义大学学习。1925年7月，张宝泉奉命回国，在上海中共中央机关工作。

年轻的张宝泉对中国的革命道路充满信心。1927年4月，国民党反动派发动"四一二"反革命政变，大肆抓捕、屠杀共产党人，全国弥漫着白色恐怖的气息。此时的上海，特务横行，局势越发紧张。"如果我被捕，我是无论如何受非刑拷打也宁死不肯泄露党的秘密的！"这是年轻共产党员张宝泉听闻昔日同志背叛党组织时发出的庄严宣誓。

1928年4月15日，中共中央政治局委员罗亦农在上海被捕，反动势力扬言"首要已擒，共祸可熄"，要将中共在上海的秘密机关一网打尽。情况危急，为了下达党中央紧急警戒的情报，4月16日，张宝泉先赶到中央机关刊物《布尔塞维克》编辑部传递情报，随后紧急奔赴周恩来的住处，得知周恩来已安全撤离，才放心离开，前往中央政治局常委、中央组织局主任罗亦农的住所。到达时，罗亦农已经被捕，张宝泉也被租界巡捕逮捕，他吞下情报，但身上的文件被搜出。巡捕房对他酷刑审讯，却一点秘密都没有得到。张宝泉后被引渡到国民党淞沪警备司令部，被施加更加残酷野蛮的刑具，张宝泉宁死不屈，壮烈牺牲。

中共中央出版的机关刊物《布尔塞维克》第22期登载《革命党人的楷模——张宝泉》一文介绍了张宝泉的英雄事迹。全国解放后，周恩来和邓颖超多次提到张宝泉，深情地说："他是一个很好的同志，死得壮烈，我们理当怀念他。"

至1928年底，中央军委交通总站和中央秘书处外交科分别开辟北方线、长江线、南方线三条秘密交通线。党内交通部门建立起了中央通往各省、各省通往各县、各县通往各乡的交通网络。

1928年底至1929年初，中国革命出现了新的变化，继井冈山根据地之后，赣南闽西根据地、鄂豫皖根据地等陆续创建，这对党内交通提出了更高的要求。中央秘书处外交科的任务就是要打通上海党中央与地方的联系，使中央的指示及时、有效地传达到各地，各地的请示报告及时、有效地反馈到中央。上海地区设有几十个机关、团体，之间的联系与沟通也都由内交科实施。

中共中央高度重视党内交通问题。1930年10月24日，中共中央决定将军委交通总站和中央秘书处外交科合并为中央交通局，直辖于中央政治局，吴德峰为首任局长。

吴德峰，湖北省保康县人，1924年2月加入中国共产党，1929年4月调中共中央秘书处外交科，负责与各红色根据地的交通联络。

当时，中共中央所在地上海处于白色恐怖环境下，中央与各省和各根据地的联系非常不容易。中央到各地的线路当时主要有三条：一是从上海至天津和北平，称为北方线；二是从上海至汉口，称为长江线；三是从上海至广东，即南方线。

/ 吴德峰

吴德峰对这三条主要交通线进行了调整，建立起一张环环相扣的地下交通网。根据中央秘书处1929年的统计，一年内由中央秘书处发往各地的文件就有5 523件，各省经过交通员送到中央的文件达4 687件。

吴德峰领导的中央交通局还负责筹集、运送物资，特别是黄金、银圆、钞票和电讯器材等。1930年秋冬，他亲自到中共鄂东特委书记胡梓处取得重达10斤的黄金回上海。

在解决苏区物资供应的问题上，吴德峰领导的交通局创造了开铺子的办法来解决。苏区缺什么物资，就开什么铺子。当时，中央苏区严重缺乏药品，交通局就利用社会关系，在汕头开设了一间中法药房分号，名声、规模都很大，可进很多药品，满足了中央苏区的大量需要。

1931年1月31日，周恩来出席中共中央政治局常务会议，在会上报告了所主持建立的上海—香港—汕头—大埔—永定—中央苏区的秘密交通线已经打通，提出：现在必须迅速进去，交通线应保证继续畅通。

1931年9月，中央决定周恩来、李富春、蔡畅等先后分批转移至中央苏区。10月，吴德峰先行去中央苏区打好了前站。12月上旬，周恩来身着棉长袍，戴着毡帽大口罩，扮成商人模样，从上海出发，乘坐货轮到汕头。在汕头，吴德峰启用了由他直接控制的很少启用的汕头绝密交通站，安排以中央交通局"巡视员"身份在汕头蹲点的秘密交通员肖桂昌和黄华（小黄华）陪同周恩来，从汕头坐火车到潮安，然后坐电船沿韩江而上，在青溪沙岗上岸。上岸当日晚饭后，周恩来离开青溪，由六位武装交通人员护送，翻山越岭，走了一夜，于次日上午10时顺利到达福建汀州，进入中央苏区。伍修权后来回忆："表面上看来，吴德峰（戚元德）夫妇仿佛闲居在上海，实际他们的工作是一条通向全国以至国外的秘密交通总干线。"

在吴德峰担任局长的近三年时间里，中央交通局每年送往各地五六千份文件及各类宣传品，还负责护送党的重要干部、重要物资等，从未出现过差错，为党和中国革命做出了非同寻常的贡献。对于吴德峰，王震曾经有一个评价："越是沧海横流，越显出他的英雄本色。"

修 德 坊

筑起一座"红色堡垒"

中央特科在上海诞生

1927年大革命失败后，面对国民党的白色恐怖，中国共产党第一个比较成熟的情报保卫专门机构——中央特科在上海应运而生。它肩负起"保卫中央机关和党组织的安全，建立秘密机关，开展掩护工作，搜集获取情报，镇压叛徒、内奸，营救被捕领导人，建立秘密电台，发展无线电通讯联络"等重任，成为保卫党中央、服务党中央的"红色堡垒"，作出了特殊的贡献。

中国共产党成立之初，情报保卫工作就已经开展了。1921年7月23日，中共一大在上海秘密召开。会议期间，李达的妻子王会悟负责警戒，在会议遭到法租界巡捕干扰后，她提议赴嘉兴租一条游船继续开会。可以说，这是中共情报保卫工作的萌芽。

大革命失败后，党中央从上海迁往武汉。1927年5月，周恩来同志在武汉创建了军事部特务工作处。汪精卫发动"七一五"反革命政变后，革命斗争形势更加严峻。党的"八七会议"决定党转入秘密状态，并决定党中央由武汉迁回上海。9月底至10月初，中央临时政治局全部迁回上海。11月14日，中央临时政治局在上海召开常委会议，决定调整中央组织机构，中央不再设部，在临时政治局常务委员会之下设组织局，领导组织、宣传、军事、调查、特务、交通、文书、出版分配等科，其中"特务科"即为中央特科。会议决定组织局由罗亦农、周恩来、李维汉组成，罗亦农任主任。随后，因罗亦农代表中央前往武汉指导工作，由周恩来代理组织局主任。从此，中央特科由周恩来任主要负责人。

中央特科自1927年11月在上海成立至1935年9月分批撤离上海，历经周恩来、陈云、聂荣臻、陈赓、潘汉年等人的领导，先后设立了总务科、情报科、行动科、无线电通讯科四个职能部门。

中央特科一科，亦称总务科。总务科的主要职责是负责建立党的秘密掩护机关，为党召开重要会议物色场地、布置会场，营救被捕中央领导人，给烈士处理善后，以及党中央交办的其他特殊任务等，实际上是党中央的总务科，承担中央机关的后勤保障工作。

中央特科二科，亦称情报科。情报科的主要职责是利用各种社会关系、工作资源布建情报网，获取国民党军、警、宪、特和租界巡捕房的情报信息，为锄奸和保卫重要会议的安全提供情报配合。

中央特科三科，亦称行动科，又叫"红队"。行动科的主要职责是保卫中共中央领导机关、重要会议和中央领导人的安全，惩处对党组织造成严重威胁和现实危害的且罪大恶极的叛徒内奸。

中央特科四科，亦称无线电通讯科，简称通讯科。通讯科的主要职责是负责研制收发报机，培训机务、报务人员，筹建秘密电台，建立党中央与共产国际、各根据地和白区地方党组织等的无线电通讯联络。

"龙潭三杰"

"龙潭三杰"这个名字源于周恩来总理对李克农、钱壮飞、胡底三名中共中央特科情报人员的总称。周恩来曾感慨地说道："他们三个人深入龙潭虎穴，可以说是龙潭三杰。如果没有龙潭三杰，中国共产党的历史将被改写。"

李克农（1899—1962），安徽巢县人，1926年加入中国共产党，1928年底与中央特科建立工作关系，1929年底与钱壮飞、胡底一同打入国民党特务机关，为保卫中共中央的安全作出突出贡献。

钱壮飞（1895—1935），浙江湖州人，1925年加入中国共产党，1926年起在北京从事党的地下工作，1927年底转移至上海，1928年底与中央特科建立工作关系，1929年底与李克农、胡底一起打入国民党特务机关。1931年4月，及时获取顾顺章叛变的情报，避免了中央机关遭到重大破坏。

胡底（1905—1935），安徽舒城人，1925年加入中国共产党，曾与钱壮飞一

/ 李克农　　　　　　／ 钱壮飞　　　　　　／ 胡底

起在北京从事党的地下工作，1927年底转移至上海，1929年底与李克农、钱壮飞一起打入国民党特务机关。

　　1928年，中央特科利用国民党中央组织部调查科主任陈立夫指派徐恩曾开办无线电训练班以扩充特务系统的机会，派遣李克农、钱壮飞、胡底先后考入训练班。钱壮飞利用他是徐恩曾同乡的关系，获取徐恩曾的信任，担任机要秘书。

　　1929年12月，国民党新设立的特务机关中央组织部党务调查科需要更换负责人，陈果夫向蒋介石建议由徐恩曾出任，得到允许。徐恩曾即将此事告知钱壮飞，希望钱壮飞继续做他的帮手。当时，中央特科意识到这是一个发展情报网络的极好机会，周恩来特别指示要"把它拿过来"。在得到组织允许后，钱壮飞即以徐恩曾秘书的身份打入国民党党务调查科，并设法将胡底也安排到了调查科附属的通讯社工作。1930年，"龙潭三杰"基本在党务调查科内站稳了脚跟：钱壮飞任徐恩曾的私人秘书，兼管长江通讯社和民智通讯社两处情报机关；胡底在民智通讯社任编辑，后来又负责在天津的长城通讯社；李克农继续在上海无线电管理局工作。这样就形成了钱在南京、胡在天津、李在上海的三人情报小组，李克农任组长，隶属于中央特科情报科，开始了他们在国民党最高特务机关内惊心动魄的斗争经历。

　　1931年4月，中央特科负责人顾顺章违反秘密工作纪律，在武汉擅自进行个人活动，被叛徒认出并被捕，随即叛变投敌。顾顺章长期负责中央机关的保卫工作，了解党的机密，对党的秘密工作情况十分熟悉，对中央在上海的重要机关、领导人的住处一清二楚，他的叛变给党组织带来了极大的威胁。

4月25日是星期六，按照惯例，徐恩曾早早就去上海度周末了，在南京调查科内值班的只有钱壮飞。突然，武汉发来6封绝密的加急电报，钱壮飞心知发生了重大的事情，于是将6封密电悄悄译出。看到译电，他大吃一惊，原来顾顺章已叛变，并且已经拟定了要将党中央一网打尽的计划。事不宜迟，必须立刻将这一消息报告中央。25日深夜，钱壮飞立即派交通员连夜乘坐火车从南京赶往上海，报告李克农并转报中央。26日凌晨，李克农得悉这一紧急情况后，立即决定向党中央汇报。几经周折，李克农将这份特急情报转给中央。同时，李克农还向胡底发了一封电报，上书"胡底，克潮病笃"，这是他们约定的报警暗号。胡底接到电报后就迅速撤离。

周恩来在知晓顾顺章叛变的消息后，连夜召集相关人员进行紧急处置，并招中共江苏省委组织部长陈云担任助手。他们首先销毁了大量的机密文件，将顾顺章所知道的党内重要同志都进行转移，与顾顺章联系的情报关系也立即切断，其次转移了顾顺章所知道的地下机关，最后废止了顾顺章所知道的一切联络办法。在很短的时间内，中共中央在沪各机关和人员基本疏散完毕，使敌人妄图将中共中央一网打尽的计划彻底破产。

李克农、钱壮飞、胡底三人情报小组在关键时刻力挽危局，使党中央在危急时刻化险为夷。

新中国成立后，毛泽东也曾经多次提到"龙潭三杰"，并说："如果不是他们，当时许多中央同志，包括周恩来这些同志，都不存在了。"

名医柯麟

柯麟，广东海丰县人，1900年9月出生于海城镇的一个工商业者家庭，是享誉华南和港澳的一代名医，也是中国共产党隐蔽战线带有神秘色彩的传奇人物。

他联结了我党早期的许多革命家，张太雷、周文雍、陈铁军、彭湃夫妇、蔡和森、李硕勋、叶挺等都是曾与他并肩战斗过的亲密战友；周恩来、叶剑英、陈赓、潘汉年、廖承志都曾是他的直接上级领导。

1925年，柯麟担任广东公立医科大学中国共产主义青年团支部首任书记。自此之后，柯麟和十几名同学共同组织了新学生社，领导广东公立医科大学的学生运动。1927年，柯麟赴武汉出席全国共青团代表大会，并立即被派往国民革命军第四军，先后任二十四师教导队医官、军部医务处主任。是年9月，他随第四军回广州，任该军后方医院副院长。随后，他参加广州起义，起义失败后避难上海，开设达生医务所作为党的秘密联络点，并参加中央特科的工作。

1928年11月，柯麟接受周恩来的嘱托，由中央特科安排，在上海开办了达生医院，这是中共中央的一个秘密机关，是在中央特科卫护下党中央举行例会和政治局同志接头的场所。

由于叛徒白鑫的告密出卖，彭湃等同志不幸在上海被捕。柯麟与白鑫相识多年，白鑫相信他的医术，常来达生医院看病，但他不知道柯麟的真实身份，更不知道这家医院的底细。

彭湃被捕的第二天早晨，关向应来到柯麟家里，告知白鑫叛变出卖彭湃的事情，同时告诉柯麟，白鑫这两天正患疟疾，可能会来看病，让他有所准备。不久，陈赓又来告诉柯麟，已派联络员在医院附近设点，有事就去找联络员。陈赓还留下自己在新世界饭店所住房间号码，让柯麟每天晚上去饭店汇报。

十来天后，彭湃等已被杀害，白鑫带着两个保镖，来到柯麟这里看病。柯麟一边看病，一边考虑如何通知联络员。看完病后，他装作寻找药品，下楼出后门找联络员，可等他回来，白鑫已经溜走。

当晚，柯麟前往新世界饭店汇报，陈赓让他次日照常营业："如果听到枪声，你就马上跑开。"陈赓调派人手作好捕捉白鑫的周密部署。整整等了一个星期，白鑫却再未露面。

之后，白鑫从他住的法租界霞飞路范争波的公馆里打来电话，请柯麟到他那里去看病。柯麟回来，把了解到的情况向顾顺章、陈赓作了汇报。陈赓让人在紧靠白鑫住处的27号三楼租了两间房子，特科人员就在这里严密监视白鑫，准备随时行动。

白鑫察觉自己处境危险，准备逃往意大利避风，出国时间定在11月11日，对外扬言前往南京，借此转移视线。白鑫原是中共中央军委秘书，了解很多党的机密，出卖彭湃、杨殷等同志后还在继续破坏党，绝不能让他逃脱。在党中央的严密部署下，白鑫在动身那天被处决。

红色电波

1929年，在延安西路的一幢石库门房子里，中共中央的第一座无线电台建立。随后，第一个无线电培训班开设，第一部密码被编制，第一个秘密"电台工厂"成立。

红色电波横空出世，从此中国共产党有了"顺风耳""千里眼"，对中国革命的发展起到了重要的推动作用。无数共产党人用智慧、忠贞、牺牲，让红色电波永不消逝，而且传播得更广、更强，迎来最终胜利。

1928年6月至7月间，中国共产党第六次全国代表大会在莫斯科召开。这是中国共产党历史上唯一一次在国外举行的全国代表大会，会上中央决定建立无线电台，加强与各地组织的联系。

/ 1929年秋，中国共产党第一座秘密无线电台在上海大西路福康里9号建立

/ 李强

开完"六大"回国的周恩来意识到建立地下无线电台的迫切性，于是找到无线电通讯科科长李强，要求他研发无线电收发报机。当时，李强对无线电一窍不通，而且国民党对无线电设备控制得很严，书店也没有与此有关的中文书籍。对此，周恩来鼓励他说："没有中文的书，可以看英文的。你的英文基础不错，完全可以自学。"李强当即表示"边学边干，全力以赴"。他到书店购买了英文无线电专业书籍进行系统的理论自学，还到处找机会偷着学习。李强买来一些美国出版的无线电书刊，并以业余无线电爱好者的身份购买了一些零件，有的零件买不到就自己设法加工，并按照参考书上的线路图进行整机装配试验。为了掩护和配合他的工作，共产党员蔡叔厚开办了一家电机公司。李强在他的公司里开辟了一间工作室，自制无线电零件。

1929年春末，第一部无线电收发报机终于研制成功。这一年，李强不过24岁。

在李强研制无线电收发报机的同时，周恩来还着手培养技术力量，派人在国内设法学习无线电通讯技术。1928年10月，周恩来和当时在法南区工作的张沈川谈话，告知其组织上决定派他去学习无线电通讯技术。张沈川化名报考上海无线

／ 张沈川　　　　／ 四成里旧照

电学校，经过大半年的学习和实习，初步掌握了无线电收发报技术。中央又从各地抽调了近10名青年党员到上海学习收发报技术。从1929年10月起，李强和张沈川，为中国共产党培训了第一批无线电技术人才。

中国共产党第一部无线电通讯密电码是由周恩来亲自编制的，被称为"豪密"（周恩来别名之一为"伍豪"），第一份加密电报由邓颖超译出。根据周恩来的指示，中央又派伍云甫、曾三等人携带电台到各个根据地，与红军的无线电通讯人员一起开展红军部队的通讯业务。1931年3月，"豪密"由任弼时带到江西中央苏区，用于苏区中央局和上海中共中央的联系。

在周恩来的领导下，1929年秋，中国共产党第一座秘密无线电台在上海大西路福康里9号（今延安西路420弄9号）建立，后被称为上海中央台。到年底，李强等人又在香港设立了电台。1930年1月，两台通联成功。中共中央和江西革命根据地的联系即通过香港电台转递。1931年，由通讯科筹建的国际台正式建立，实现了党中央与中共驻共产国际代表团的联络。1931年初，无线电通讯科交中央直属管理，秘密电台的红色电波活跃在上海的天空，直到全国革命胜利、新中国成立，从未中断过。

伍豪事件

1931年4月，发生了顾顺章被捕叛变的事件。这一事件严重地威胁着党在上海领导机关的安全。在这千钧一发的紧急时刻，周恩来临危不惧，沉着镇静，在陈云等同志的协助下，经过几天几夜不眠不休的紧张战斗，终于抢在敌人的前面迅速妥善地保卫了党中央和江苏省委机关的安全，彻底粉碎了敌人妄图一网打尽我党领导同志的大阴谋，使党避免了一场特别严重的大破坏、大灾难。

周恩来在处理顾顺章叛变事件中所表现出的革命胆略，使敌人心惊胆战。他们因为阴谋的破产而十分恼火，对周恩来恨之入骨，于是将搜捕的最主要目标集中到周恩来身上。1931年9月，国民党作出"悬赏通缉"周恩来的决定。同年11月，又以顾顺章的名义在上海各报连日登出悬赏缉拿周恩来的紧急启事。但敌人却始终找不到周恩来的踪迹，他们的反革命计划又一次成为泡影。敌人便又使出惯用的造谣诬陷伎俩，用"伍豪"的名义在1932年2月中旬至下旬的上海各报登

/ 《申报》刊登的《伍豪等脱离共党启事》

出所谓"伍豪等243人脱离共党"的假启事。

当敌人在上海各报抛出这个伪造启事的时候，周恩来已经离开上海两个多月了。他在1931年12月上旬离开上海，经广东汕头、大埔，福建永定、长汀等地，于12月15日进入中央苏区。周恩来虽然已远离上海，但是，国民党伪造的启事登出以后，共产党立即予以揭穿，进行了有力的回击。

1932年2月20日，党在上海散发了由江苏省委宣传部署名的传单，题为《反对国民党的无耻造谣》，同时给申报馆广告处送去党组织代写的《伍豪启事》来否定那个伪造的启事。申报馆却不肯登《伍豪启事》。几经交涉，才用申报馆广告处的名义在报上公开答复："伍豪先生鉴：承于本月18日送来广告启事一则，因福昌床公司否认担保，手续不合，致未刊登。申报馆广告处启。"用当时在白色恐怖下所可能做到的公开否认的巧妙办法，写了一个实际上是辟谣的启事。这个启事登在2月22日的《申报》上。

在国民党统治区的公开报刊上以曲折的笔法登出辟谣启事的同时，共产党又于1932年2月27日在上海出版的党报《实报》第11期上以伍豪的名义登出了《伍豪启事》，驳斥了国民党的种种造谣诽谤行为。同时还刊登了《国民党造谣污蔑的又一标本》一文，着重剖析了敌人抛出伪造启事的政治背景和惯用的造谣污蔑的卑鄙手段，指出国民党企图以造谣中伤、伪造文件破坏党在群众中的影响，假借伍豪同志的名义来污蔑伍豪同志，污蔑中国共产党，但造谣只能证明反动派之无力与破产。

在中央苏区，毛泽东也于2月下旬以中华苏维埃临时中央政府主席的名义发出布告，郑重宣告："伍豪同志正在苏维埃中央政府担任军委会职务，不但绝对没有脱离共产党的事实，而且更不会发表那个启事里的荒谬反动的言论。"为了向广大人民群众公开地揭穿敌人对周恩来和共产党的造谣污蔑，中共中央又采取了进一步的措施，即约请律师代登启事，进行辟谣。在当时国民党实行白色恐怖的情况下，中国律师是难以承办这件事的。中共中央便通过一定的关系和渠道，找到了当时在上海开户营业的法国律师巴和，由他在1932年3月4日的《申报》上以醒目的大字标题登出了《巴和律师代表周少山紧要启事》一文。周少山是党内熟知的周恩来同志的别名。

启事说："巴和律师代表周少山紧要启事：兹据周少山君来所声称：渠撰投文稿曾用别名伍豪二字；近日报载伍豪等二百四十三人脱离共党启事一则，辱劳国内外亲戚友好函电存问；惟渠伍豪之名除撰述文字外，绝未用作对外活动，是该伍豪君定系另有其人；所谓二百四十三人同时脱离共党之事，实与渠无关，事关个人名誉，易滋误会，更恐有不肖之徒颠倒是非，藉端生事，用特委请贵律师代为声明，并答谢戚友之函电存问者云云前来。据此，合行代为登报如左。"

/《申报》刊登的巴和律师代表周恩来关于"伍豪事件"的声明

这个启事在措词上非常巧妙，既合乎国民党统治区的法律，又澄清事实真相，狠狠地打击了敌人。这是共产党进行合法斗争的一次重大胜利。至此，国民党特务伪造伍豪启事的阴谋彻底破产。

营救牛兰夫妇

牛兰，本名雅各布·马特耶维奇·鲁德尼克，共产国际联络部在上海的秘密交通站负责人，负责转送各种文件和经费等。他的夫人名叫汪德利曾。

为了秘密开展工作，牛兰夫妇申请了包括比利时、瑞士等国家的护照，使用多个假名，登记了八个信箱、七个电报号，租用十处住所、两个办公室和一家商店，并频繁更换联络地点，尽可能避免与中国共产党联络人员直接接触。他们对外则以经商的名义开展活动，在上海开着三家大公司，资金雄厚，声誉极好，在上海地区算是商业大亨，名气非常大。

/ 牛兰夫妇

1931年6月15日，共产国际远东局情报人员牛兰夫妇在公共租界遭巡捕逮捕。上海公共租界警务处警官费尽周折也无法查清牛兰夫妇的真实来历。由于顾顺章的叛变出卖，他向国民党透露：共产国际在上海有一个秘密联络站，负责人是一个德国人。

国民党当局一口咬定，顾顺章口中的"牛轧糖"就是牛兰本人。这一消息让国民党当局如获至宝，决定要从上海联络站入手，破获中国共产党上层机关，切断其国际联络渠道。所以，他们要引渡牛兰。

1931年8月14日，国民政府派出大批荷枪实弹的宪兵将牛兰一家从上海押解到南京，关押在南京老虎桥"第一模范监狱"。此案在上海滩引起轰动。牛兰夫妇被押赴南京的当天，《申报》在版面的头条位置以醒目大标题进行了报道，国际媒体也纷纷转载。"牛兰事件"成为轰动一时的世界头条新闻，这令国民党当局始料未及。

牛兰夫妇被捕后，特科立即开展营救工作。潘汉年与苏联红军上海侦察员佐尔格合作，共同研究制定了营救方案。特科将牛兰在狱中所写的亲笔信在报纸上刊登发表，证明了牛兰被关押在国民党监狱的事实，然后通过江苏省委发动游行示威，营造救援声势。鉴于国内外的舆论压力，1932年7月，国民党当局将此案移交法庭重新审理。

潘汉年邀集当时在上海的文化界著名人士，联名致电南京政府提出抗议。特科通过掩护途径，聘请律师出庭为牛兰夫妇辩护。同时，佐尔格通过史沫特莱邀请宋庆龄、斯诺等组成"牛兰夫妇上海营救委员会"，配合设在欧洲的"国际营救牛兰委员会"的援救活动。

1937年7月抗日战争全面爆发，之后牛兰夫妇几经辗转，终于返回莫斯科。国民党方面力图以"牛兰案"为突破，一举切断中国共产党的国际联络渠道，使共产国际的远东联络体系瘫痪，终究没能得逞。

后　记

　　《暗夜星火——党章诞生地的初心故事》是一本面向青少年的党史类读本。编写组历时四年，几经打磨，终于将这本图书呈现于广大读者面前。图书在编撰过程中得到了中共静安区委相关领导的大力支持，中共上海市委党史研究室、华东师范大学马克思主义学院的相关专家的学术指导，在此表示诚挚的感谢。

　　2024年11月8日，《中华人民共和国文物保护法》修订公布，2025年3月1日开始施行，我国文物保护工作进入依法治理的新阶段。中共二大会址纪念馆及下辖中共中央军委机关旧址纪念馆、中共中央秘书处机关旧址纪念馆、中央特科机关旧址纪念馆，将以文物建筑保护为基石，守护好红色旧址遗迹，拓宽红色文化宣传路径，讲述红色故事，传承红色基因，赓续红色血脉，在守正创新中助力建设好习近平文化思想最佳实践地。

　　虽然我们已经尽了很大的努力，但由于编者的水平有限，本书难免有疏漏之处，敬请广大读者批评指正。

2025年4月于中共二大会址纪念馆